Die besten Rezepte für den Brotback-automaten

Die besten Rezepte für den Brotbackautomaten

Vicki Smallwood

Bassermann

Der Text dieses Buches entspricht den Regeln
der neuen deutschen Rechtschreibung.

ISBN-10: 3-8094-1854-4
ISBN-13: 978-3-8094-1854-2

Originaltitel: One hundred bread machine recipes

Umschlaggestaltung: Atelier Versen, Bad Aibling
Übersetzung: Berliner Buchwerkstatt, Monika Cremer
Redaktion: Berliner Buchwerkstatt, Marlies Ferber
Gestaltung und Satz: Berliner Buchwerkstatt, Claudia Maas
Fotos: Colin Bowling/Paul Forrester/Laura Forrester
Layout: Dave Jones

Printed in China

817 2635 4453 6271

INHALT

Einführung 6

Brot und herzhaftes Gebäck 28

Süße Brote und Kuchen 112

Brötchen, Snacks und Kleingebäck 174

Register 252

Danksagung 256

Einführung

Brot ist seit Jahrhunderten ein Grundnahrungsmittel auf unserem Speiseplan, und fast jede Nation hat ihre typische Brotsorte. Die Franzosen haben zum Beispiel die Baguette, die Mexikaner die Tortilla, die Italiener die Focaccia, die Deutschen das Roggenbrot, die Amerikaner Maisbrot, in Indien gibt es Naan usw. Auch wenn sich in der westlichen Welt aus praktischen Gründen das geschnittene, abgepackte Brot durchgesetzt zu haben scheint, ist ein frisch gebackenes Brot doch immer ein besonderer Genuss.

Erinnern Frankreichreisende sich an das Essen zurück, kommt immer wieder knuspriges, feines Baguettebrot zur Sprache. Jeden Tag – manchmal sogar mehrmals – wird es frisch gebacken gekauft. Fertig geschnittenes, abgepacktes Brot hat da kaum eine Chance.

Der Duft eines frisch gebackenen Brotes ist ein freundlicher Willkommensgruß für jeden Gast. Es gibt kaum eine bessere Begleitung zu einer Mahlzeit.

Brot ist äußerst vielseitig: Es kann die Grundlage eines Gerichts sein, eine köstliche Beilage oder ein einfacher, gesunder Snack für die Pause zwischendurch, den man immer wieder neu variieren kann. Brot ist ein wertvolles Lebensmittel, denn es liefert Eiweiß, Kalzium, Eisen, Thiamin (Vitamin B_1) und Niacin. Deshalb sollte es Bestandteil der täglichen Ernährung sein.

Egal welche Lebensmittel gerade in Mode sind, Brot in irgendeiner Form wird den Speiseplan immer begleiten. Die Geschmacksrichtung, die Form und das Aussehen des Brotes können sich vielleicht ändern, aber die Grundzutaten Mehl, Wasser und Hefe werden die gleichen bleiben.

Leider schließen viele kleinere, örtliche Bäckereien. Doch mit einem Brotbackautomaten und wenigen Zutaten können Sie Ihre Familie mit gutem, gesundem und nährstoffreichem Brot selbst versorgen. Die Zubereitung ist weniger aufwändig als die Fahrt zum Supermarkt. Auch Bio-Brote sind kein Problem. Viele Zutaten aus dem ökologischen Landbau sind heute auch in Supermärkten gut erhältlich, so dass Sie auf einfache Weise Ihr eigenes Bio-Brot backen können. Sie werden es schwer haben, sich bei den vielen verschiedenen Rezepten in diesem Buch zu entscheiden.

Bis vor kurzem war die kostbarste Zutat beim Brotbacken die Zeit. Das hat sich mit den Haushalts-Brotbackautomaten geändert. Selbst ein einfaches Modell bietet eine gute Auswahl an Programmen, so dass Sie entweder ein Brot von Anfang bis Ende oder nur den Teig im Brotbackautomaten zubereiten können. Im zweiten Fall kneten und formen Sie den Teig dann selbst und backen ihn auf konventionelle Weise im Ofen.

Brotbackautomaten gibt es in verschiedenen Größen. Sie müssen sich nur entscheiden, welche Brotgröße bzw. Teigmenge Sie bevorzugen. In dem Brotbackautomaten, der für die Rezepte in diesem Buch benutzt wurde, kann ein Brot von 1100 g gebacken werden.

Dieser Brotbackautomat ist einer von vielen, die auf dem Markt sind. Er kann zwei unterschiedliche Brote zur selben Zeit zubereiten.

Wenn Sie frisch gebackenes Brot mögen, werden Sie sich schon bald nach dem Kauf des Brotbackautomaten fragen, wie Sie vorher ohne ihn ausgekommen sind. Sie brauchen nur die richtigen Zutaten und ein wenig Zeit, um sie abzumessen und in den Brotbackautomaten zu geben. So einfach ist es, ein köstliches Brot herzustellen. Brotbackautomaten sind einfach zu bedienen.

Um morgens ein frisch gebackenes Brot zu genießen, geben Sie die Zutaten am Vorabend in den Backautomaten und stellen die Zeitschaltuhr. So einfach ist das! Sie werden sehen, Ihre ganze Familie wird das frisch gebackene Brot genießen. Brotbackautomaten können außerdem noch mehr als Brot backen. Sie können darin auch Kuchen, Marmeladen und Konfitüren zubereiten.

Ihr selbst gemachtes Brot enthält keine Zusätze und keine Konservierungsmittel. Deshalb hält es sich vielleicht nicht so lange wie manches Supermarkt-Brot. Doch Sie werden froh sein, wenn überhaupt etwas übrig bleibt: Wenn es etwas trocken ist, schmeckt es hervorragend als Toast.

Tipps für den Erfolg

Wie auch sonst beim Backen, sollte man sich beim Zubereiten von Broten genau ans Rezept halten. Die Zutaten müssen im richtigen Mengenverhältnis verwendet werden und die Bedingungen müssen stimmen, damit Sie das gewünschte Ergebnis erzielen. Die folgenden Tipps werden Ihnen helfen, mit der Zeit auch eigene Brotkreationen in Ihrem Brotbackautomaten herstellen zu können.

1 Ich empfehle Ihnen, zunächst ein paar Rezepte auszuprobieren, die der Hersteller empfiehlt und die dem Brotbackautomaten beiliegen. So werden Sie mit der Zubereitungsmethode vertraut, die für Ihr Gerät die Beste ist. Es ist äußerst wichtig, die Zutaten in der für Ihr Gerät geeigneten Reihenfolge in den Backbehälter zu geben. Denken Sie unbedingt daran, dass alle Rezepte in diesem Buch für Brotbackautomaten ausgerichtet sind, die fertige Brote von 1100 g herstellen können. Sollte Ihr Brotbackautomat für kleinere oder größere Brote ausgerichtet sein, können Sie jedes Rezept an Ihren Automaten anpassen, sobald Sie mit der Handhabung des Gerätes vertraut sind.

2 Messen Sie die Zutaten immer genau ab. Denken Sie bei Zutaten, die mit dem Löffel oder mit einem Cup-Maß abgemessen werden, daran, dass es sich um gestrichene, nicht um gehäufte Maße handelt. Drücken Sie die Zutaten nicht in den Löffel oder den Cup, sondern streichen Sie sie mit einem Messerrücken gerade ab.

Cup-Maße

Messlöffel

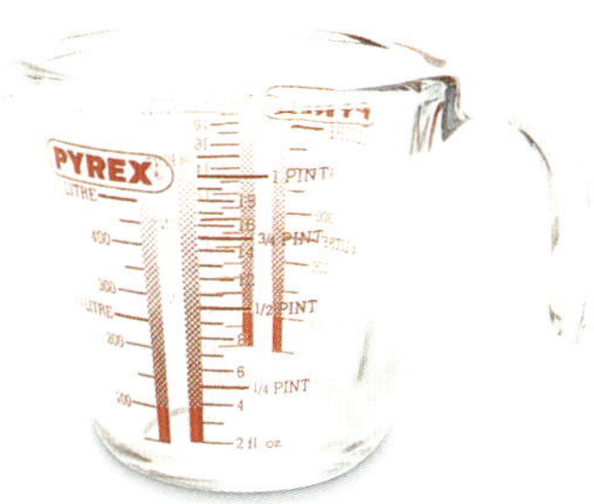

Messbecher

3 Wenn nicht anders angegeben, sollten die Zutaten immer Zimmertemperatur haben. Zu kalte Zutaten behindern die Wirkung der Hefe, aber zu heiße Zutaten zerstören sie. Flüssigkeiten sollten lauwarm sein. Eine einfache Prüfmethode: den Finger hineinhalten. Ist die Flüssigkeit warm, aber nicht heiß, ist sie gerade richtig. (Es ist ein bisschen wie das Testen von Badewasser fürs Baby).

4 Bei der Vorbereitung der Zutaten sollten Sie immer darauf achten, dass die Hefe nicht mit Flüssigkeiten in Berührung kommt. Das würde sie vorzeitig aktivieren und das Endergebnis beeinträchtigen. Wenn in den Rezepten, die Ihrem Brotbackautomaten beiliegen, steht: Geben Sie die Hefe als letztes zu, dann sollten Sie eine kleine Vertiefung in das Mehl drücken und die Hefe dort hineingeben. So bleibt sie trocken und kann sich nicht mit den flüssigen Zutaten mischen. Es ist außerdem ratsam, Salz nicht direkt mit Hefe in Kontakt zu bringen.

5 Während der Teig in der Maschine geknetet wird, sollten Sie hin und wieder ein Auge auf ihn werfen. Die Temperatur und das Klima können seine Konsistenz beeinflussen. Die Teigzutaten sollten sich zu einem weichen und elastischen Ballen formen. Sieht der Teig zu feucht aus, ein wenig Mehl dazugeben (esslöffelweise). Sieht er zu trocken aus, braucht er ein wenig lauwarmes Wasser. (Nach und nach dazugeben, damit der Teig nicht zu feucht wird.) Bleiben einige Zutaten am Rand des Backbehälters hängen, schieben

Sie sie mit einem Gummispatel hinunter, so dass sie so schnell wie möglich unter den Teig geknetet werden.

6 Falls Sie den Brotbackautomaten vorprogrammieren wollen, ist es besser, kein Rezept zu nehmen, das frische Zutaten wie Eier, Sahne, Buttermilch oder frische Milch enthält. Sie könnten verderben. Bevorzugen Sie eher ein Rezept ohne frische Zutaten. Oder ersetzen Sie die Milch durch Milchpulver.

Die besten Brotzutaten

Mehl

Wenn Sie Weizenmehl für den Brotbackautomaten kaufen, nehmen Sie am besten Mehl Type 550 oder einer höheren Typenzahl. Auch aus Hartweizenmehl können Sie Brot backen. Einige Getreidemühlen produzieren inzwischen sogar spezielle Mehlmischungen für Brotbackautomaten. In vielen Supermärkten gibt es verschiedene Mehlsorten für das Backen von Broten. Für ungewöhnlichere Mehle sind Bioläden und Reformhäuser die richtige Adresse. Sehr fein ausgemahlenes Mehl mit der Type 405 hat weniger Gluten und ist zum Brotbacken nicht so gut geeignet. Glutenfreie Mehle sollten Sie am besten gar nicht nehmen, denn Gluten ist für die richtige Konsistenz des Brotes verantwortlich.

Generell gilt: Dunkle oder Vollkornmehle ergeben festere, kleinere Laibe als Brote mit hellem Mehl. Das Mehl sollte an einem kühlen, trockenen, dunklen Ort aufbewahrt werden. Am besten lassen Sie es in der Packung. Sollte sie beschädigt sein, geben Sie das Mehl mitsamt Packung in einen Gefrierbeutel. Genau wie bei allen anderen Zutaten sollten Sie das Mindesthaltbarkeitsdatum auch bei Mehl beachten. Im Zweifelsfall werfen Sie das Mehl lieber weg und kaufen frisches. Wenn Sie das Mehl lange nicht gebraucht haben, ist es vielleicht zusammengedrückt. Lockern Sie es auf, falls Sie die Menge nicht abwiegen, sondern einen Messbecher verwenden, sonst nehmen Sie zu viel Mehl.

Salz

Salz ist eine unentbehrliche Zutat. Es verstärkt nicht nur den Geschmack des Brotes, sondern reguliert auch das Wachstum der Hefebakterien. Deshalb sollten sie die angegebene Salzmenge nicht verändern – auch nicht, wenn Sie sich aus gesundheitlichen Gründen ansonsten salzarm ernähren. Salz ist auch wichtig, damit die Kruste während des Backens Farbe bekommt.

Zucker

Zucker beschleunigt die Wirkung der Hefe und beeinflusst das Gluten. Schwere, süße Brote sind meist nicht so locker. Obwohl nicht alle Brotteige Zucker benötigen, tut ein wenig davon gut. Es kurbelt das Gehen an. Doch bedenken Sie, dass

zu viel Zucker die Wirkung der Hefe auch hemmen kann. Grundsätzlich: Nehmen Sie einen Zucker, der leicht löslich ist. Deshalb empfehle ich entweder feinen Zucker oder flüssigen Honig (fester Honig ist nicht geeignet). Anstelle von weißem Zucker können Sie auch braunen verwenden. Es macht keinen Unterschied, er ist ebenfalls gut löslich. Honig verändert den Geschmack des Brotes durch sein typisches Aroma. Sie können ruhig Ihre Lieblingssorten ausprobieren. Honig enthält ein bisschen weniger Kalorien als Zucker. Daran sollten Sie denken, wenn Sie Kalorien zählen. Wenn Sie keinen Honig mögen, nehmen Sie stattdessen Zuckerrohrsirup. Dunkler Zuckerrübensirup bietet Abwechslung in Farbe, Geschmack und Süße. Doch verwenden Sie niemals Süßstoffe. Sie haben auf die Hefe keine Wirkung.

Hefe

Zur Teiglockerung wird beim Backen von Broten mit Weizenmehl meist Hefe verwendet. Einmal in Gang gesetzt, bauen die Hefepilze Zuckerstoffe zu Kohlensäure ab, die den Teig mit zahlreichen Bläschen durchsetzt. Diese Kohlensäure gibt dem Brot seine charakteristische Beschaffenheit. Entgegen der allgemeinen Annahme arbeitet Hefe auch bei kühlen Temperaturen. Sollten Sie den Teig zwar am Abend zubereiten, das Brot aber erst

am nächsten Morgen backen wollen, stellen Sie den Teig in den Kühlschrank. Er geht über Nacht, wenn auch weniger stark als bei Zimmertemperatur. Am nächsten Tag erwärmen Sie den Teig wieder auf Zimmertemperatur, bevor Sie mit der Zubereitung fortfahren und das Brot backen (siehe Seite 20).

Die Rezepte in diesem Buch verwenden Trockenhefe, die es in jedem Lebensmittelgeschäft gibt. Sie ist viel bequemer zu verwenden als frische Hefe, und bei richtiger Aufbewahrung hält sie sich mehrere Monate und ist immer zur Hand, wenn Sie Lust zum Brotbacken haben.

Bewahren Sie die Hefe an einem kühlen, trockenen Platz auf. Das kann auch der Kühlschrank sein. Ein angebrochenes Päckchen hält sich in einem kleinen Behälter besser. In Kontakt mit Luft kann Hefe verderben. Beachten Sie auch hier das Mindesthaltbarkeitsdatum. Wenn Brote nicht richtig aufgehen, ist abgelaufene Hefe nicht selten der Grund.

Falls Sie unsicher sind, ob die Hefe noch aktiv ist, geben Sie einen halben Teelöffel Haushaltszucker in eine Tasse mit lauwarmem Wasser. Rühren Sie die Mischung, bis sich der Zucker aufgelöst hat. Nun einen Teelöffel Hefe auf die Oberfläche geben, die Tasse mit Frischhaltefolie abdecken und an einem warmen Ort 10 Minuten stehen lassen. Danach sollte sich Schaum auf der Flüssigkeit gebildet haben und das Ganze ziemlich nach Hefe riechen. Ist das nicht der Fall, ist die Hefe nicht mehr aktiv, und Sie müssen frische kaufen.

Natron und Backpulver

Schnelle Brote benötigen andere Triebmittel als Hefe oder Sauerteig: Natron und Backpulver sind solche Triebmittel, allerdings ist die Beschaffenheit der Brote dann eher kuchenartig.

Flüssigkeiten

Wasser ist die Flüssigkeit, die am häufigsten zum Brotbacken verwendet wird. Aber auch Milch, Fruchtsaft oder Bier können zum Einsatz kommen.

Milch macht das Brot nährstoffreicher, verbessert seine Qualität und die Farbe der Kruste. Wenn Sie den Automaten mit einer Zeitschaltuhr vorprogrammieren, empfehle ich Ihnen, Trockenmilch zu nehmen und sie mit der entsprechenden Menge Wasser zu mischen. Frische Milch kann verderben, wenn sie vor dem Backen zu lange im Brotbackautomaten steht.

Fruchtsäfte geben dem Brot Farbe und Aroma, verbessern die Eigenschaften des Glutens und damit die Struktur des Teiges. Bier ist die einzige Flüssigkeit, die nicht lauwarm erwärmt werden muss. Es kann Zimmertemperatur haben, sollte jedoch nicht direkt aus dem Kühlschrank kommen.

Eier

Ganze Eier oder Eigelb geben dem Brot eine gute Konsistenz und machen es reichhaltiger. Verzichten Sie jedoch auf Rezepte mit Eiern, wenn Sie den Brotbackautomaten vorprogrammieren wollen. Die Eier könnten verderben.

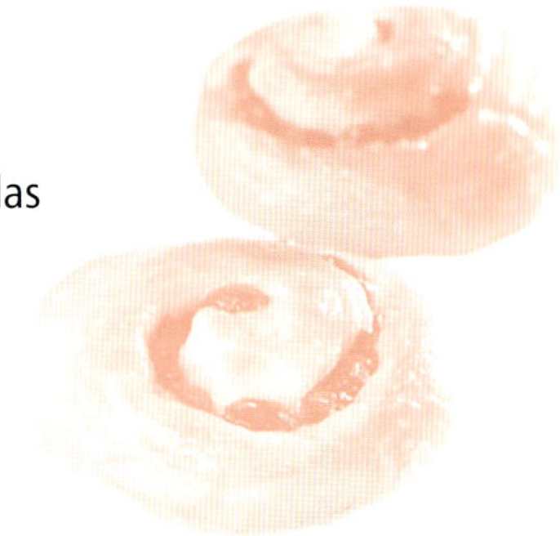

Öle und Fette

Öle und Fette verbessern das Brot und verstärken das Aroma. Ich empfehle die Verwendung von geschmolzener, lauwarm abgekühlter Butter. Sie können auch sehr weiche Butter nehmen. Das Wichtigste: Sie darf nicht zu heiß sein und muss gut mit den anderen Zutaten gemischt werden. Auch Margarine ist geeignet. Sie hat den Vorteil, dass sie ungesättigte Fettsäuren enthält. Wenn Sie Margarine oder Butter durch Öl ersetzen möchten, können Sie das tun. Öl ist im Allgemeinen neutraler im Geschmack als Butter.

Brotbacken – Schritt für Schritt

Dieser Abschnitt erklärt die Zubereitung des Teigs im Brotbackautomaten.

Zutaten mischen

Wenn Sie das Programm Ihres Brotbackautomaten gewählt und die Starttaste gedrückt haben, kann es sein, dass sich bei manchen Automaten erst einmal nichts zu tun scheint.

Seien Sie nicht beunruhigt. Die Zeitschaltuhr zeigt, dass der Automat läuft. Er wärmt die Zutaten an, so dass sie die ideale Arbeitstemperatur haben. (Es könnte sein, dass dies nicht ausführlich in der Gebrauchsanweisung beschrieben ist.) Danach beginnt der Mischprozess.

Teig kneten

Wenn die Teigzutaten vollständig und gründlich gemischt sind, beginnt der Automat mit dem Kneten. Ein paar Minuten, bevor das Kneten beendet ist, gibt der Automat ein akustisches Signal von sich.

Eventuelle restliche Zutaten wie z. B. Trockenfrüchte oder Nüsse können nun dazugegeben werden.

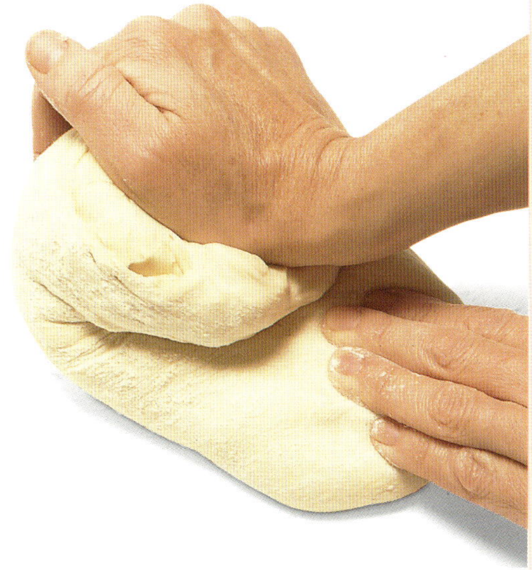

Das erste Mal gehen lassen

Der Brotbackautomat lässt den Teig vollständig gehen. Falls Sie den Automaten nur auf „Teig" programmiert haben, ertönt ein Signal, wenn der Teig fertig ist und Sie ihn zur Weiterverarbeitung entnehmen können.

Das zweite Mal kneten

Wenn Sie das Programm „Normal" gewählt haben, wird der Brotbackautomat den Teig ein zweites Mal kneten. Wenn Sie jedoch das Programm „Teig" gewählt haben, müssen Sie den Teig herausnehmen und ihn von Hand fertig stellen. Sie können ihn danach wieder in den Automaten geben. Das zweite Kneten ist wichtig. Sie kneten dabei den aufgegangenen Teig wieder klein und verringern sein Volumen. Das braucht nur ein paar Minuten. Kneten Sie am besten auf einer leicht bemehlten Arbeitsfläche.

Teig ruhen lassen

Der Teig muss manchmal nach dem zweiten Kneten noch etwas ruhen, vor allem wenn er ein bisschen zu weich ist. Ist das der Fall, den Teig sofort nach dem Kneten leicht abdecken und etwa 5 bis 10 Minuten ruhen lassen.

Brot formen

Wie der Teig geformt werden muss, wird in den einzelnen Rezepten genau erklärt. Wenn Sie nach und nach mehr Erfahrung und mehr Selbstvertrauen haben, können Sie das Brot nach Belieben formen. Experimentieren Sie ruhig ein wenig.

Das zweite Mal gehen lassen

Wenn der Teig das zweite und letzte Mal geht, sollte er an einem warmen, zugfreien Platz stehen, bis er sein Volumen verdoppelt hat. (Sie sollten den Teig nicht zu stark gehen lassen, sonst könnte er zusammenfallen. Wenn dies passiert, den Teig nochmals kneten und gehen lassen.)

Den Teig beim Gehen unbedingt abdecken, damit die Oberfläche nicht austrocknet. Am besten eignet sich dazu eine leicht eingeölte Frischhaltefolie. Oder Sie verwenden ein sauberes, feuchtes Küchentuch oder ein sauberes, leicht bemehltes Küchentuch. So kann der Teig gut aufgehen. Eine große Gefriertüte, die innen mit ein paar Tropfen Öl ausgerieben wurde, ist ebenfalls wunderbar geeignet. Häufig gilt: Je langsamer das Brot geht, desto besser wird seine Konsistenz.

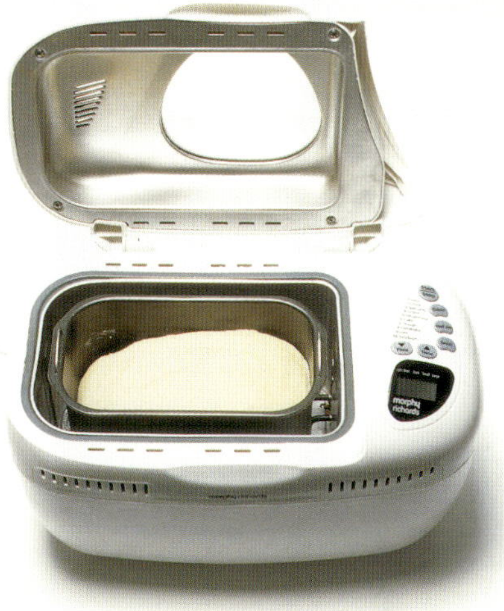

Die Temperatur wird im Brotbackautomaten so geregelt, dass jeweils die optimale Temperatur erzeugt wird.

Das Brot fertig stellen

Sie können sowohl von Hand geformte und im Ofen gebackene Brote glasieren – Ideen zeigen die Rezepte in diesem Buch –, aber auch ein im Backautomaten gebackenes Brot mit einer Glasur überziehen.

Experimentieren Sie ruhig ein wenig. Hier ein paar Ideen:

Für einen knusprigen, glänzenden Laib die Oberfläche mit ein wenig verquirltem Ei bestreichen. Bei Ofenbroten macht man dies, bevor sie gebacken werden. Wenn Sie ein Brot aus dem Automaten mit einer Glasur aus verquirltem Ei zum Glänzen bringen möchten, müssen Sie es etwa 5 Minuten in einen heißen Ofen geben, um das Ei zu garen und die Glasur fest werden zu lassen. Wenn Sie mögen, können Sie vor dem Backen etwa einen Esslöffel Ihrer Lieblingssamen oder gehackte Nüsse über das Brot

streuen. Wenn Sie das fertige Brot mit ein wenig Milch einpinseln, wird die Kruste weicher. Süße Brote können nach dem Backen mit einer Aprikosenglasur bestrichen werden. Dazu Aprikosenkonfitüre durch ein Sieb streichen und mit der gleichen Menge warmem Wasser verrühren. Man braucht das Brot danach nicht mehr zu backen. Das Ergebnis ist eine glänzende und ein wenig klebrige Glasur. Auch mit Zuckerwasser können Sie das Brot bestreichen. Dazu normalen Zucker in der gleichen Menge warmem Wasser auflösen. Die Kruste wird durch diese Glasur hochglänzend und etwas weicher.

Brot backen

Sobald der Teig ein zweites Mal gegangen ist, muss er in den heißen Ofen. Die Hitze tötet die Hefepilze ab, und das Brot wird gebacken.

Wenn Sie ein besonders knuspriges Brot mögen, sollten sie ein wenig Dampf in den Ofen bringen. Dies führt zu einem besonders gleichmäßigen Aufgehen. Dazu eine saubere Spritzflasche mit Wasser füllen. Kurz bevor das Brot in den Ofen kommt, ein wenig Wasser in den Ofen sprühen – aber nicht auf die Gasdüsen oder Heizelemente. Dann das Brot in den Ofen geben. Nach 5 Minuten noch einmal sprühen, dabei die Tür so schnell wie möglich öffnen und schließen, um keine Hitze zu verlieren. Wenn die Oberfläche des Brotes vor Backende etwas zu braun wird, decken Sie es mit Alufolie ab.

Nach Ende der Backzeit sollten Sie mit dem Fingerknöchel dagegen klopfen. Hört es sich hohl an, ist das Brot durchgebacken. Sie können auch mit einem kleinen Spieß in die Mitte des Brotes stechen. Bleibt beim Herausziehen kein feuchter Teig daran hängen, ist das Brot fertig.

Probleme und Lösungen

Wenn Sie feststellen, dass Ihr fertiges Brot nicht so perfekt aussieht, wie Sie es gehofft hatten, verzweifeln Sie nicht. Auch Brote mit merkwürdigem Aussehen können gut gegessen werden. Nehmen Sie es als Hinweis, dass Sie beim nächsten Mal etwas sorgfältiger bei der Zubereitung, beim Abmessen und Zugeben der Zutaten sein müssen.

Prüfen Sie den Teig, wenn er gemischt ist. So können Sie sehen, ob er zu feucht oder zu trocken ist. Das hilft häufig, denn Sie können den Teig dann durch Zugabe von Mehl oder Wasser noch korrigieren. Sie können jedoch nicht sehen, ob Sie zu viel oder zu wenig Salz oder Hefe verwendet haben. Deshalb ist es wichtig, die angegebenen Mengen sorgfältig abzumessen und auf keine Zutat zu verzichten. Hier einige Erklärungen und Tipps für die häufigsten Probleme beim Brotbacken.

Das Brot geht nicht genug auf

Viele Gründe können dafür verantwortlich sein. Prüfen Sie als Erstes, ob die Hefe noch in Ordnung ist (Mindesthaltbarkeitsdatum beachten). Auch die Testmethode auf Seite 16 hilft hier weiter.

Andere Gründe können zu wenig Zucker, zu wenig Hefe oder zu viel Salz sein. Deshalb müssen Sie die Zutaten korrekt abmessen.

Es könnte auch sein, dass die Hefe schon vor der Teigzubereitung aktiviert wurde. Dann sollten Sie das nächste Mal aufpassen, dass die Hefe im Backbehälter nicht schon vor dem Starten des Programms mit Flüssigkeiten in Berührung kommt.

Zum Schluss: Vielleicht war die Flüssigkeit zu heiß. Das könnte die Hefe zerstört haben. Prüfen Sie deshalb die Temperatur der Flüssigkeit: 21 bis 28 °C sollte sie warm sein, falls nichts anders angegeben.

Das Brot ist in der Mitte eingesunken

Wenn dies der Fall ist, könnte zu viel Flüssigkeit im Spiel sein. Deshalb genau abmessen. Aber auch eine Zutat, die nicht gründlich abgetropft oder einfach zu feucht ist, kann die Ursache sein. (Es passiert leicht bei Käsebroten, da verschiedene Käsesorten unterschiedlich viel Wasser enthalten.) Aber wenn das Brot durchgebacken ist, wird es auf jeden Fall gut schmecken.

Um das Problem zu lösen, versuchen Sie das nächste Mal den Flüssigkeitsgehalt etwas zu reduzieren und Früchte sowie Gemüse – egal ob frische oder Dosenware – gut mit Küchenpapier trocken zu tupfen. Auch zu wenig Salz kann dazu führen, dass das Brot in der Mitte absinkt. Das Brot geht zu stark auf und fällt dann in der Mitte zusammen. Deshalb das Salz nicht vergessen.

Wenn bei Ihnen die Luftfeuchtigkeit hoch ist oder Sie in den Bergen wohnen, kann dies das Backergebnis ebenfalls beeinflussen. Dann müssen Sie eventuell die Hefemenge um 1/4 Teelöffel verringern.

Die Kruste ist feucht und nicht knusprig

Eine feuchte Kruste ist normalerweise darauf zurückzuführen, dass das Brot nicht sofort nach dem Backen auf einem Kuchengitter ausgekühlt ist. Dann kondensiert Wasser, weil das Brot nicht ausdampfen kann.

Geben Sie das Brot für ein paar Minuten in einen heißen Ofen, um die Kruste wieder knusprig zu machen, und lassen Sie es vor dem Servieren auf einem Kuchengitter auskühlen.

Das Brot ist innen feucht und nicht durchgebacken

Um dies zu vermeiden, frisches oder Dosengemüse/-obst immer gut abtropfen lassen. Alternativ können Sie die sonstige Flüssigkeitszugabe ein wenig reduzieren.

Das Brot geht zu stark auf

Wenn dies der Fall ist, ist normalerweise ungenaues Abmessen der Grund. Zu viel Mehl oder Hefe, zu wenig Salz oder zu warme Flüssigkeit – all das kann eine Rolle spielen.

An Tagen, an denen die Luft sehr warm und sehr feucht ist, sollten Sie Ihr Brot erst backen, wenn es etwas kühler ist. Programmieren Sie an solchen Tagen nicht vor und nehmen Sie die Zutaten so kalt, wie sie aus dem Kühlschrank kommen.

Das Brot aufbewahren

Wenn das Brot auf einem Kuchengitter ausgekühlt ist, sollten Sie es am besten bald genießen. Sie können es aber auch aufbewahren, am besten in einem Brotbehälter. So trocknet es nicht aus und bleibt lange Zeit frisch. Das Brot in Frischhaltefolie einzupacken ist nicht empfehlenswert, weil es die Schimmelbildung fördert.

Das Brot einfrieren

Alle Brote in diesem Buch eignen sich zum Einfrieren. Allerdings sollten Sie eventuelle Glasuren erst nach dem Auftauen auf das Brot oder die Brötchen streichen. Glasuren gefrieren nicht richtig und beeinträchtigen dann die Qualität des Brotes oder der Brötchen. Geben Sie Brot zum Einfrieren in eine Gefriertüte und drücken Sie die überschüssige Luft heraus. Dann schreiben Sie den Namen des Brotes und den Backtag sofort auf die Gefriertüte. Nach ein paar Wochen kann man sich nicht daran erinnern. Die meisten Brote sollten Sie innerhalb von 3 Monaten wieder auftauen und verbrauchen. Lassen Sie das Brot bei Zimmertemperatur komplett auftauen, bevor Sie es servieren.

Resteverwertung

Brot ist sehr vielseitig verwendbar. Wenn etwas übrig bleibt, können Sie daraus Brotbrösel machen. Die Brotreste in Stücke brechen und in einem Mixer oder einer Küchenmaschine in nicht zu kleine Brösel hacken. Brotbrösel können mit Käse gemischt über ein fertiges Nudel- oder Gemüsegericht gestreut werden. Gratinieren Sie das Ganze kurz unter dem heißen Grill. Zur Abwechslung können Sie gehackte Nüsse oder frische Kräuter unter die Brösel mischen. Getrocknete Weißbrotreste geben fein gemahlen oder gerieben ein gutes Paniermehl ab.

Wenn Sie Brotbrösel nicht sofort benötigen, frieren Sie sie sein. Sie können unaufgetaut direkt über die Gerichte gestreut werden. Brotbrösel und Paniermehl halten sich aber auch gut in einem luftdicht verschlossenen Behälter.

Ein Wort zum Schluss

Ich hoffe, dass meine Ratschläge hilfreich waren. Nun können Sie mit dem Brotbacken beginnen. Ich wünsche Ihnen viel Spaß mit dem Brotbackautomaten. Sie werden feststellen, dass Brotbacken noch nie so einfach war.

Hinweis

Bitte beachten Sie, dass in den Rezepten immer Trockenhefe verwendet wird.

Brot und herzhaftes Gebäck

Sauerteigbrot

2 Esslöffel Roggenmehl und 3 Esslöffel warme Milch in einer Keramik- oder Kunststoffschüssel glatt verrühren. Die Schüssel abdecken und an einem warmen Ort 2 bis 3 Tage stehen lassen. Er sollte dann wie Bier riechen. Den Sauerteigansatz in den Backbehälter geben. Die restlichen Zutaten in der angegebenen Reihenfolge dazugeben. Das Programm „Teig" starten. Wenn das Programm beendet ist, den Teig aus dem Automaten nehmen und auf einer leicht bemehlten Arbeitsfläche 2 bis 3 Minuten kneten. Aus dem Teig einen ovalen Laib formen. Ihn mit einem feuchten Küchentuch bedecken und an einem warmen Ort gehen lassen. Den Backofen auf 200 °C vorheizen. Wenn das Brot sein Volumen fast verdoppelt hat, das Küchentuch abnehmen. Die Brotoberfläche mit einem scharfen Messer einschneiden. Das Brot im Ofen 25 Minuten backen. Anschließend auf einem Kuchengitter abkühlen lassen.

Zuckerrübensirup zugeben

Zutaten

2 EL Roggenmehl Type 997
3 EL Milch, gewärmt
250 ml Milch, lauwarm
1 TL Salz
2 EL Zuckerrübensirup
60 g Butter, geschmolzen, lauwarm
300 g Roggenmehl Type 997
225 g Weizenmehl Type 550
1/2 TL Trockenhefe

Roggenbrot

Zutaten

250 ml Wasser, lauwarm
2 EL Zuckerrübensirup
1 EL Honig
1 TL Salz
225 g Roggenmehl Type 997
225 g Weizenmehl Type 550
1 TL Trockenhefe

Alle Zutaten in der angegebenen Reihenfolge in den Backbehälter geben. Das Programm auf „Normal" starten.

Roggenmehl dazugeben

Wenn das Programm beendet ist, das Brot herausnehmen und auf einem Kuchengitter abkühlen lassen. Roggenmehl enthält im Vergleich zu Weizenmehl wenig wasserbindendes Eiweiß Gluten. Deshalb mischt man beim Brotbacken Roggenmehl meist mit Weizenmehl, um die Krume lockerer zu machen.

Das fertige Brot ist dunkel und hat eine glatte Kruste. Es passt gut zu kaltem Braten und Wurst, zu eingelegtem Gemüse und zu Käse.

Calzone

Teig aus dem Backbehälter nehmen

Die ersten fünf Zutaten in der angegebenen Reihenfolge in den Backbehälter geben. Das Programm „Teig" starten.

Das Pesto und die gehackten Tomaten in eine Pfanne geben und bei mittlerer Hitze einkochen lassen. Dabei mehrmals umrühren. Anschließend zum Abkühlen beiseite stellen.

Den Backofen auf 200 °C erhitzen. Wenn das Programm beendet ist, den Teig auf eine leicht bemehlte Arbeitsfläche geben und 2 bis 3 Minuten kneten. Den Teig in 8 gleich große Stücke teilen.

Die Teigstücke einzeln zu Fladen mit einem Durchmesser von 20 cm ausrollen. Die abgekühlte Tomatensauce, die Kapern, den Mozzarella und die Oliven mischen. Die Mischung auf den Teigstücken verteilen. Dabei einen Rand von 1,5 cm frei lassen.

Die Teigränder mit ein wenig verquirltem Ei bestreichen. Die Teigfladen zusammenfalten und die Ränder gut zusammendrücken.

Die Teigtaschen locker mit eingeölter Frischhaltefolie bedecken und 30 Minuten gehen lassen. Die Folie entfernen und die Teigtaschen 20 bis 25 Minuten backen. Sie sollten dabei goldbraun werden und leicht aufgehen. Heiß oder kalt servieren.

Zutaten

250 ml Wasser, lauwarm
1 TL Salz
2 EL Olivenöl
450 g Weizenmehl Type 550
1 TL Trockenhefe

Füllung

3 EL Pesto rosso
200 g gehackte Tomaten (aus der Dose)
2 EL Kapern
200 g Mozzarella, gewürfelt
100 g grüne Oliven, entsteint und grob gehackt
1 Ei, verquirlt

Pizza

Die ersten fünf Zutaten in der angegebenen Reihenfolge in den Backbehälter geben. Das Programm „Teig" starten. Das Tomatenmark und die gehackten Tomaten in eine Pfanne geben und bei mittlerer Hitze köcheln lassen, bis die Sauce etwas eingedickt ist. Dabei mehrmals durchrühren. Die Sauce zum Abkühlen beiseite stellen.

Pizzateig ausrollen

Zutaten

250 ml Wasser, lauwarm
1 TL Salz
3 EL Olivenöl
450 g Weizenmehl Type 550
1 TL Trockenhefe

Belag

2 EL Tomatenmark
400 g gehackte Tomaten (aus der Dose)
1 große Hand voll frische Basilikumblätter, zerkleinert
400 g Mozzarella, in dünne Scheiben geschnitten

Den Backofen auf die höchste Temperaturstufe vorheizen. Wenn das Programm beendet ist, den Teig herausnehmen und auf einer leicht bemehlten Arbeitsfläche 2 bis 3 Minuten kneten. Den Teig in 4 gleich große Stücke teilen. Die Teigstücke zu dünnen Fladen ausrollen (35 cm Durchmesser).

Backbleche mit Maismehl bestreuen, dann die Teigfladen darauf legen.

Die Fladen mit der Tomatensauce bestreichen, den Basilikum darauf streuen und mit Mozzarella belegen.

Die Pizzen nacheinander auf der obersten Einschubleiste 8 bis 10 Minuten backen. (Während eine Pizza gebacken wird, die anderen bei Zimmertemperatur ruhen lassen.)

Mehrkornbrot

Gerstenmehl dazugeben

Zutaten

310 ml Wasser, lauwarm
4 EL griechischer Naturjoghurt
2 EL Honig
1 TL Salz
2 EL Sonnenblumenöl
75 g Gerstenmehl
75 g Roggenmehl Type 997
150 g Weizenmehl Type 1050
40 g Weizenkeime
40 g Haferkleie
40 g Vollkorn-Weizenmehl
150 g Weizenmehl Type 550
2 TL Trockenhefe

Alle Zutaten in der angegebenen Reihenfolge in den Backbehälter geben. Das Programm „Teig" starten. Wenn das Programm beendet ist, den Teig herausnehmen und auf einer leicht bemehlten Arbeitsfläche 2 bis 3 Minuten kneten. Dann zu einem flachen Laib formen, auf ein leicht geöltes Backblech legen, locker mit eingeölter Frischhaltefolie abdecken und gehen lassen. Den Backofen auf 200 °C vorheizen. Wenn der Teig sein Volumen fast verdoppelt hat, die Folie entfernen. Den Teig mit Mehl bestäuben und im Ofen 25 Minuten bzw. so lange backen, bis das Brot goldbraun und knusprig ist. Den Laib auf einem Kuchengitter abkühlen lassen.

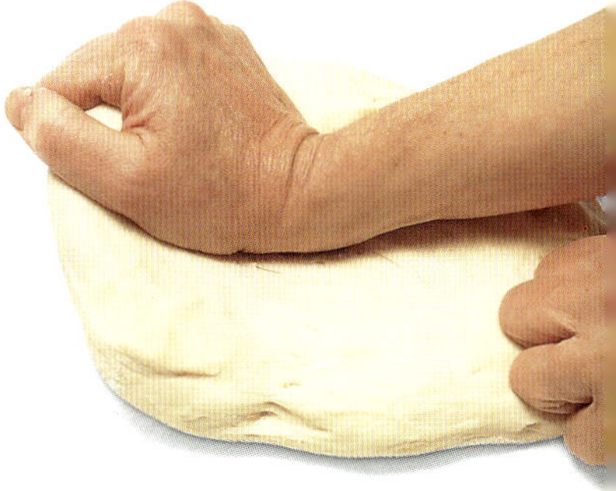

Laib formen

Pestobrot mit Pinienkernen

Pesto dazugeben

Zutaten

250 ml Wasser, lauwarm
1 TL Salz
1 TL Honig
2 EL Olivenöl
490 g Weizenmehl Type 550
1 TL Trockenhefe

Außerdem

4 EL Pesto
2 EL Pinienkerne

Die ersten sechs Zutaten in der angegebenen Reihenfolge in den Backbehälter geben. Das Programm „Teig" starten.

Wenn die Teigzutaten gemischt sind, das Pesto dazugeben. Wenn das Programm beendet ist, den Teig auf eine leicht bemehlte Arbeitsfläche geben und 2 bis 3 Minuten kneten. Den Teig halbieren und jedes Teigstück zu einem flachen, ovalen Laib formen. Die Brote auf ein leicht geöltes und bemehltes Backblech legen. Dabei genügend Abstand lassen, damit die Brote gut aufgehen können.

Die Pinienkerne auf die Oberfläche streuen. Die Brote mit leicht eingeölter Frischhaltefolie abdecken und an einem warmen Ort gehen lassen.

Den Backofen auf 200 °C vorheizen. Wenn die Brote das Volumen fast verdoppelt haben, die Frischhaltefolie abnehmen. Die Brote im Ofen 20 bis 25 Minuten backen, bis sie goldbraun sind. Die Brote auf einem Kuchengitter abkühlen lassen.

Französisches Landbrot

Den Ansatz mischen

250 ml Wasser und 150 g Weizenmehl Type 1050 in den Backbehälter geben. Das Programm „Teig" starten.

Wenn das Teigprogramm beendet ist, die Mischung in ein großes Glas oder eine Kunststoffschüssel geben, locker mit einem feuchten Küchentuch abdecken und an einem warmen Ort 24 bis 48 Stunden stehen lassen. Dabei immer wieder durchrühren und das Küchentuch feucht halten.

Wenn die Mischung leicht sauer riecht und die Oberfläche ein wenig Blasen wirft, ist der Sauerteigansatz fertig.

Den Sauerteigansatz und die restlichen Zutaten in der angegebenen Reihenfolge in den Backbehälter geben. Das Programm „Teig" starten.

Wenn das Programm beendet ist, den Teig auf eine leicht bemehlte Arbeitsfläche geben und 2 bis 3 Minuten kneten. Den Teig zu einer Kugel formen und auf ein gefettetes Backblech geben. Locker mit leicht eingeölter Frischhaltefolie bedecken. Den Teig an einem warmen Ort gehen lassen.

Den Backofen auf 200 °C vorheizen. Wenn der Teig sein Volumen fast verdoppelt hat, die Frischhaltefolie entfernen. Den Teig nun mit ein wenig Mehl bestreuen. (Falls Sie eine Sprühflasche haben, den Backofen innen ein paar Mal mit Wasser einsprühen, bevor das Brot in den Ofen kommt.

Dies ist nicht zwingend notwendig, aber es gibt dem Brot eine knusprige Kruste. Das Brot etwa 25 Minuten backen. Danach auf einem Kuchengitter abkühlen lassen.

Zutaten

250 ml Wasser, lauwarm
150 g Weizenmehl Type 1050
250 ml Wasser, lauwarm
1 TL Salz
2 EL Olivenöl
260 g Weizenmehl Type 1050
300 g Weizenmehl Type 550
1 TL Trockenhefe

Schnelles Zucchinibrot

Zucchini zugeben

Zutaten

110 g Butter, geschmolzen, lauwarm
1 Knoblauchzehe, zerdrückt
1 EL fein geriebene Ingwerwurzel
120 g Zucchini, grob geraspelt
4 Eier
375 g Weizenmehl Type 405
1 EL Backpulver
1/2 TL Natron
1 TL Salz

Butter, Knoblauch, Ingwer, Zucchini und Eier in einer Schüssel gut vermischen und in den Backbehälter geben.

Mehl, Backpulver, Natron und Salz mischen, sieben und in den Backbehälter geben. Das Programm „Kuchen" starten. Nach der Hälfte der Mischzeit prüfen, ob alle Zutaten gut miteinander vermischt sind. (Falls notwendig, mit einem Kunststoffschaber das Mehl von den Seiten des Backbehälters streifen.) Sobald das Programm beendet ist, das Brot herausnehmen und auf einem Kuchengitter abkühlen lassen.

Pissaladière

Anchovisfilets gitterartig auf die Zwiebelmischung legen

Zutaten

250 ml Wasser, lauwarm
1 TL Salz
3 EL Olivenöl
1 EL Honig
525 g Weizenmehl Type 550
1 TL Trockenhefe

Belag

75 g Butter
4 große Zwiebeln, geschält und dünn geschnitten
14 Anchovisfilets, abgetropft und längs halbiert
50 g schwarze Oliven, in Scheiben
1 EL Olivenöl

Die ersten sechs Zutaten in der angegebenen Reihenfolge in den Backbehälter geben. Das Programm „Teig" starten. In einer großen Pfanne die Butter schmelzen. Die Zwiebeln dazugeben und bei mittlerer Hitze goldbraun dünsten, dabei mehrmals rühren. Die Zwiebeln sollten fast karamellisiert sein. Sie anschließend abkühlen lassen. Wenn das Teigprogramm beendet ist, den Teig auf eine leicht bemehlte Arbeitsfläche geben und 2 bis 3 Minuten kneten.

Den Teig auf ein leicht geöltes Kuchenblech (28 cm Durchmesser) geben und hineindrücken. Die abgekühlte Zwiebelmischung gleichmäßig darauf verteilen.

Olivenscheiben dazwischen legen

Die halbierten Sardellenfilets gitterartig auf die Zwiebelmischung legen und in jeden Zwischenraum eine Olivenscheibe legen. Pissaladière bei Zimmertemperatur 30 Minuten ruhen lassen.

Den Backofen auf 200 °C vorheizen. Die Pissaladière mit dem Olivenöl beträufeln. Dann im Ofen 25 bis 30 Minuten backen. Der Kuchen schmeckt am besten heiß oder warm.

Falls Sie kein rundes Kuchenblech in der angegebenen Größe haben, können Sie den Teig auch einfach zu einem Fladen formen und auf ein leicht geöltes Backblech legen. Er sieht etwas rustikaler aus. Wie beschrieben belegen und backen.

Provenzalischer Fladen

Speck dazugeben

Zutaten

250 ml Wasser, lauwarm
2 EL Magermilchpulver
1 TL Salz
2 EL Olivenöl
1 EL Honig
525 g Weizenmehl Type 550
1 TL Trockenhefe

Belag

1 EL Olivenöl
100 g Frühstücksspeck, in Streifen
25 g Butter
2 große Zwiebeln, geschält und in dünnen Scheiben
6 in Olivenöl eingelegte Anchovisfilets, in kleine Stücke zerteilt
50 g schwarze Oliven, entsteint und grob gehackt
50 g Gouda, geraspelt
6 Kirschtomaten, in kleinen Spalten

Die ersten sieben Zutaten in der angegebenen Reihenfolge in den Backbehälter geben. Das Programm „Teig" starten.

Das Olivenöl in einer großen Pfanne erhitzen, den Speck darin goldbraun und knusprig braten. Den Speck mit einem Sieblöffel herausnehmen und abkühlen lassen. Die Butter und die Zwiebeln in die Pfanne geben und bei mittlerer Hitze dünsten. Die Zwiebeln sollten dabei goldbraun werden. Die Zwiebeln mit einem Sieblöffel herausnehmen und abkühlen lassen. Wenn das Programm beendet ist, den Teig auf eine leicht bemehlte Arbeitsfläche geben und 2 bis 3 Minuten kneten. Den Teig auf ein leicht geöltes,

flaches Backblech geben (etwa 23 cm x 33 cm). In einer Schüssel den Speck, die Zwiebeln, die Anchovis, die Oliven, den Käse und die Tomaten mischen. Diese Mischung gleichmäßig auf dem Teig verteilen. Den Fladen bei Zimmertemperatur 30 Minuten gehen lassen.

Den Backofen auf 200 °C vorheizen. Den Fladen 20 bis 25 Minuten backen, bis die Ränder goldbraun und knusprig sind. Der Fladen ist ideal für ein Picknick.

Apfelbrot mit Blauschimmelkäse

Geraspelten Apfel dazugeben

Die ersten acht Zutaten in der angegebenen Reihenfolge in den Backbehälter geben. Das Programm „Normal" starten.

Wenn das entsprechende Signal ertönt, den Blauschimmelkäse dazugeben. Wenn das Programm beendet ist, das Brot herausnehmen und auf einem Kuchengitter abkühlen lassen.

Zutaten

250 ml Apfelwein
oder trockener Cidre
1 TL Salz
1 EL Honig
1 Apfel, grob geraspelt
150 g Weizenmehl Type 1050
150 g Vollkorn-Weizenmehl
150 g Weizenmehl Type 550
1/2 TL Trockenhefe

Außerdem

75 g kräftiger Blauschimmelkäse

Schnelles Käse-Chili-Brot

Käse dazugeben

Sobald das Programm beendet ist, das Brot herausnehmen und auf einem Kuchengitter abkühlen lassen.

Zutaten

110 g Butter, geschmolzen, lauwarm
1 große Chilischote, fein gehackt
125 g Gouda, grob geraspelt
3 Eier
125 ml Milch
450 g Weizenmehl Type 405
4 TL Backpulver
1 TL Natron
1/2 TL Salz

Mehl sieben

In einer Schüssel Butter, Chilischote, Käse, Eier und Milch verrühren. Die Mischung in den Backbehälter geben. Mehl, Backpulver, Natron und Salz sieben, zu der Käsemischung geben. Das Programm „Kuchen" starten.

Nach der Hälfte des Mischvorgangs prüfen, ob sich alle Zutaten gut miteinander verbunden haben. (Wenn nötig, mit einem Kunststoffschaber das Mehl von den Seiten des Backbehälters streifen.)

Tomaten-Mohn-Brot

Pürierte Tomaten dazugeben

In einer Schüssel Sonnenblumenöl, Tomatenpüree und Eier mischen. Die Mischung in den Backbehälter geben. In eine weitere Schüssel Mehl, Backpulver, Natron und Salz sieben.

Die Mohnsaat und den Zucker dazugeben. Alles gut verrühren und zur Tomaten-Eier-Mischung geben. Das Programm „Kuchen" starten.

Nach der Hälfte des Mischvorgangs prüfen, ob alle Zutaten gut miteinander verbunden sind. (Wenn nötig, mit einem Kunststoffschaber das Mehl von den Seiten des Backbehälters streifen.)

Sobald das Programm beendet ist, das Brot herausnehmen und auf einem Kuchengitter abkühlen lassen.

Zutaten

60 ml Sonnenblumenöl
250 ml pürierte Tomaten (Fertigprodukt)
3 Eier
375 g Weizenmehl Type 405
1 EL Backpulver
1/2 TL Natron
1/2 TL Salz
40 g Mohnsaat
1 EL feiner Zucker

Schnelles Möhrenbrot

Möhren dazugeben

Zutaten

110 g Butter, geschmolzen, abgekühlt
60 ml Milch, lauwarm
4 Eier
150 g Möhren, geraspelt
2 Frühlingszwiebeln, fein gehackt
375 g Weizenmehl Type 405
1 EL Backpulver
1/2 TL Natron
1 EL mexikanische Gewürzmischung

In einer Schüssel Butter, Milch, Eier, Möhren und Frühlingszwiebeln mischen. Die Mischung in einen Backbehälter geben.

Mehl, Backpulver, Natron und Gewürzmischung in eine weitere Schüssel sieben und die Mischung ebenfalls in den Backbehälter geben. Das Programm „Kuchen" starten.

Nach der Hälfte des Mischvorgangs prüfen, ob sich alle Zutaten gut miteinander verbunden haben. (Wenn nötig, mit einem Kunststoffschaber das Mehl von den Seiten des Backbehälters streifen.) Sobald das Programm beendet ist, das Brot herausnehmen und auf einem Kuchengitter abkühlen lassen.

Oregano-Tomaten-Brot

Oregano dazugeben

Die Zutaten in der angegebenen Reihenfolge in den Backbehälter geben. Das Programm „Normal“ starten.

Öl der Tomaten dazugeben

Wenn das Programm beendet ist, den Laib herausnehmen und auf einem Kuchengitter abkühlen lassen.

Dieses Brot schmeckt getoastet besonders köstlich. Für eine schnelle Mittagsmahlzeit ein paar Scheiben toasten, mit etwas geriebenem Käse bestreuen, ein paar Scheiben gehackte Salami darüber geben und unter dem Grill überbacken, bis der Käse geschmolzen ist. Dazu einen Salat reichen.

Zutaten

250 ml Wasser, lauwarm
75 g getrocknete Tomaten in Öl, fein gehackt
2 EL Öl der Tomaten
1 EL getrockneter Oregano
1 TL Salz
450 g Weizenmehl Type 550
1 TL Trockenhefe

Kartoffelfladen mit Rosmarin und Emmentaler

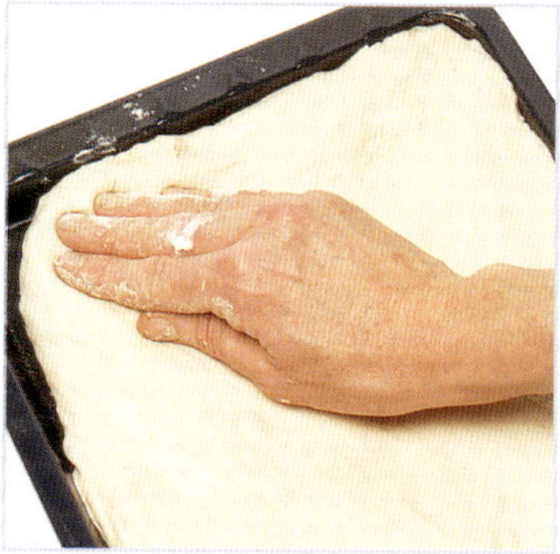
Teig in die Form drücken

Die ersten sechs Zutaten in der angegebenen Reihenfolge in den Backbehälter geben. Das Programm „Teig" starten. Wenn das Programm beendet ist, den Teig auf einer bemehlten Arbeitsfläche 2 bis 3 Minuten kneten.

Den Teig auf ein leicht geöltes rechteckiges Kuchenblech geben und in die Form drücken. Der Boden sollte ganz mit Teig bedeckt sein.

Die Kartoffeln in dünne Scheiben schneiden und auf dem Teig verteilen. Den Teig mit einem Stück eingeölter Frischhaltefolie bedecken und 45 Minuten gehen lassen.

Den Backofen auf 200 °C vorheizen. Die Folie entfernen und ein wenig Öl über den Teig träufeln. Den Fladen etwa 15 Minuten backen. Anschließend aus dem Ofen nehmen, mit Käse und Rosmarin bestreuen und wieder in den Ofen geben. Nochmals 10 Minuten backen und noch heiß servieren.

Zutaten

250 ml Wasser, lauwarm
2 EL Olivenöl
1 TL Salz
1 EL frischer Rosmarin, gehackt
490 g Weizenmehl Type 550
1 TL Trockenhefe

Belag

300 g kleine, fest kochende Kartoffeln, gekocht und abgekühlt
Olivenöl zum Beträufeln
75 g Emmentaler, gerieben
frische Rosmarinnadeln

Bierbrot mit Senf

Dijonsenf dazugeben

Dieses dunkle Brot mit dichter Krume erhält seine Triebkraft durch Trockenhefe und die Hefe im Bier.

Zuckerrübensirup gibt dem Brot seine dunkle Farbe, aber auch etwas Süße und ein besonderes Aroma, das sich sehr gut mit Bier und Senf ergänzt.

Das Brot eignet sich als Beilage zu einem herzhaften Ragout. Man kann damit die Sauce auftunken. Oder man reicht es einfach zu Wurst oder Käse.

Zutaten

250 ml dunkles Bier
125 ml Wasser, lauwarm
2 EL Sonnenblumenöl
1 TL Salz
1 EL Zuckerrübensirup
300 g Weizenmehl Type 550
225 g Vollkorn-Weizenmehl
1/2 TL Trockenhefe

Außerdem

3 TL Dijonsenf

Die ersten acht Zutaten in der angegebenen Reihenfolge in den Backbehälter geben. Das Programm „Normal" starten. Sobald das entsprechende Signal ertönt, den Senf zugeben. Wenn das Brot gebacken ist, es auf einem Kuchengitter abkühlen lassen.

Dinkelbrot

Mehl dazugeben

Alle Zutaten in der angegebenen Reihenfolge in den Backbehälter geben. Das Programm „Normal" starten. Wenn das Programm beendet ist, das Brot herausnehmen und auf einem Kuchengitter abkühlen lassen.

Dinkel ist die Urform des Weizens. Das Brot schmeckt besonders fein und ist sehr beliebt. Es ist äußerst vielseitig, passt zu süßem oder zu herzhaftem Belag. Man kann es als Pausenbrot belegen, toasten oder einfach nur mit Butter genießen.

Zutaten

125 ml Wasser, lauwarm

125 ml Milch, lauwarm

1 TL Salz

3 EL Butter, geschmolzen, lauwarm

1 Ei, verquirlt

525 g helles Dinkelmehl

1 1/2 TL Trockenhefe

Landbrot

Zutaten

250 ml Wasser, lauwarm

1 1/2 TL Salz

490 g Weizenmehl Type 550

1 1/2 TL Trockenhefe

Die Zutaten in der angegebenen Reihenfolge in den Backbehälter geben. Das Programm „Teig" starten.

Wenn das Programm beendet ist, den Teig auf eine bemehlte Arbeitsfläche geben und 2 bis 3 Minuten kneten. Ein Viertel des Teiges abtrennen und beiseite legen. Den restlichen Teig zu einer Kugel formen und auf ein gefettetes Backblech legen. (Eventuell entstandene Risse sollten unten liegen.) Das kleine Teigstück auf die gleiche Weise formen und auf das Backblech legen. Dabei aber genügend Abstand zur großen Kugel lassen.

Die Teigstücke locker mit eingeölter Frischhaltefolie abdecken und an einem warmen Ort 20 Minuten gehen lassen. Die kleine Teigkugel vorsichtig auf die große Kugel setzen. Einen gut bemehlten Finger durch die Mitte der kleinen Kugel in die große Kugel drücken. Den Teig locker mit eingeölter Frischhaltefolie abdecken und nochmals 20 Minuten gehen lassen.

Den Backofen auf 220 °C vorheizen. Die Folie entfernen und den Laib im Ofen 25 Minuten backen. Er sollte dann goldbraun und knusprig sein. Den Laib auf ein Kuchengitter legen und abkühlen lassen.

Dem Laib die besondere Form geben

Teig gehen lassen

Pikantes Käsebrot

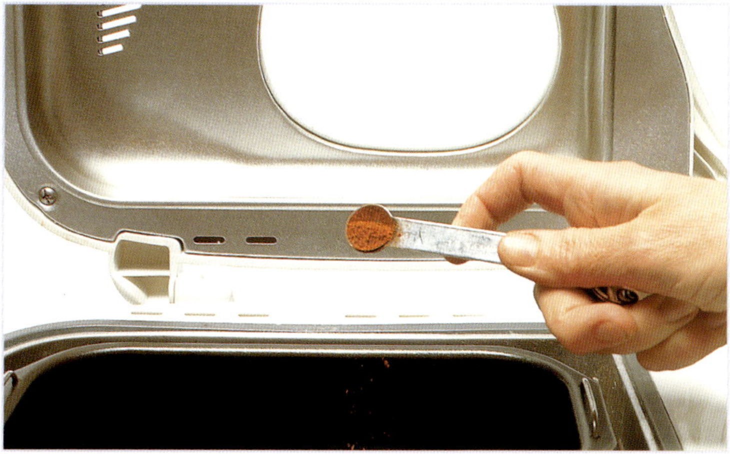

Cayennepfeffer dazugeben

Zutaten

250 ml Wasser, lauwarm
1 EL Olivenöl
1 Ei, verquirlt
1 TL Salz
1/2 TL feiner Zucker
525 g Weizenmehl Type 550
1 TL Trockenhefe

Außerdem

1/2 TL Cayennepfeffer
150 g alter Gouda, geraspelt
1 TL Fenchelsamen

Die ersten sieben Zutaten in der angegebenen Reihenfolge in den Backbehälter geben. Das Programm „Normal" starten.

Wenn das entsprechende Signal gegeben wird, den Cayennepfeffer, den Käse und den Fenchel dazugeben.

Wenn das Programm beendet ist, das Brot herausnehmen und auf einem Kuchengitter 20 Minuten abkühlen lassen. Das Brot ist ideal für eine herzhafte Zwischenmahlzeit und schmeckt am besten, solange es noch warm ist.

Möhren-Thymian-Brot

Möhren dazugeben

Die ersten sechs Zutaten in der angegebenen Reihenfolge in den Backbehälter geben. Das Programm „Teig" starten.

Die Butter in einer kleinen Pfanne schmelzen und die Zwiebel darin glasig dünsten. Nun die Möhren dazugeben und gar dünsten, dabei ständig rühren. Die Thymianblättchen darunter rühren und das Gemüse mit Salz und Pfeffer abschmecken. Die Pfanne vom Herd nehmen und die Möhrenmischung abkühlen lassen.

Wenn das Programm beendet ist, den Teig auf eine gut bemehlte Arbeitsfläche geben. Den Teig mit dem Handballen zu einem flachen Fladen drücken. Die Möhrenmischung in die Mitte geben. Den Teig über den Möhren zusammenfalten und die Möhren gleichmäßig unter den Teig kneten. Den Teig zu einem ovalen Fladen formen und auf ein geöltes Backblech legen. Den Teig locker mit eingeölter Frischhaltefolie abdecken und 45 Minuten gehen lassen bzw. so lange, bis der Teig sein Volumen fast verdoppelt hat. Den Backofen auf 200 °C vorheizen. Die Oberfläche des Laibes mit einem scharfen Messer über Kreuz einschneiden. Das Brot im Ofen in 25 bis 30 Minuten goldbraun backen. Den Laib auf ein Kuchengitter legen und 20 Minuten abkühlen lassen. Lauwarm servieren.

Zutaten

315 ml Wasser, lauwarm
2 EL Olivenöl
1 TL Honig
1 TL Salz
490 g Weizenmehl Type 550
1 1/2 TL Trockenhefe

Außerdem

25 g Butter
1 kleine Zwiebel, fein gehackt
2 mittelgroße Möhren, geschält und grob geraspelt
2 EL frische Thymianblättchen
Salz und schwarzer Pfeffer

Sesambrot

Oberfläche des Laibes einschneiden

Zutaten

250 ml Wasser, lauwarm
2 EL Sesamöl
1 TL feiner Zucker
1 TL Salz
490 g Weizenmehl Type 550
1 1/2 TL Trockenhefe

Außerdem
1 kleines Ei, verquirlt mit
1 EL Wasser
3 EL Sesamsamen

Die ersten sechs Zutaten in der angegebenen Reihenfolge in den Backbehälter geben. Das Programm „Teig" starten.

Wenn das Teigprogramm beendet ist, den Teig auf eine bemehlte Arbeitsfläche geben und zu einem runden, dicken Fladen formen. Den Fladen auf ein leicht geöltes Backblech geben und locker mit eingeölter Frischhaltefolie abdecken. Den Teig gehen lassen, bis er sein Volumen fast verdoppelt hat.

Den Backofen auf 200 °C vorheizen. Den Laib in der Mitte kreisförmig, etwa 1/2 cm tief, einschneiden. Den Teig mit der Ei-Wasser-Mischung bestreichen und die Sesamsamen darüber streuen.

Das Brot im Ofen etwa 25 Minuten backen, es sollte dann goldbraun sein. Den Laib vor dem Servieren auf einem Kuchengitter leicht abkühlen lassen.

Sonnenblumenbrot

Sonnenblumenkerne dazugeben

Zutaten

250 ml Wasser, lauwarm
1 TL Salz
2 EL Butter, geschmolzen, lauwarm
1 EL Honig
1 EL Malzextrakt
100 g Sonnenblumenkerne, grob gehackt
300 g Vollkorn-Weizenmehl
150 g Weizenmehl Type 550
1 TL Trockenhefe

Alle Zutaten in der angegebenen Reihenfolge in den Backbehälter geben. Das Programm „Normal" starten.

Nachdem das Programm beendet ist, den Laib auf ein Kuchengitter legen und abkühlen lassen. Malzextrakt bekommt man im Reformhaus. Es hat ein volles, süßes Aroma.

Sonnenblumenkerne geben dem Brot einen leicht nussigen Geschmack. Außerdem enthalten sie viel Eisen und sind für die Ernährung wertvoll.

Olivenbrot

Gemischte Oliven dazugeben

Die ersten fünf Zutaten in der angegebenen Reihenfolge in den Backbehälter geben. Das Programm „Normal" starten.

Wenn das entsprechende Signal gegeben wird, die Oliven dazugeben.

Wenn das Programm beendet ist, das Brot auf ein Kuchengitter legen und abkühlen lassen.

Mittlerweile sind auch im Supermarkt viele verschiedene Olivensorten erhältlich. Experimentieren Sie, so bekommt das Brot immer wieder eine andere Note. Probieren Sie beispielsweise Oliven mit Chili oder mit Knoblauch oder nehmen Sie gefüllte Oliven – was immer Sie mögen.

Dieses Brot ist die ideale Begleitung eines italienischen Menüs, aber es schmeckt auch köstlich einfach zu Tomatensalat und Käse.

Zutaten

250 ml Wasser, lauwarm
2 EL Olivenöl
1/2 TL Salz
450 g Weizenmehl Type 550
1 1/2 TL Trockenhefe

Außerdem

250 g gemischte Oliven, entsteint

Senfbrot

Groben Senf dazugeben

Die ersten acht Zutaten in der angegebenen Reihenfolge in den Backbehälter geben. Das Programm „Teig" starten.

Wenn das Programm beendet ist, den Teig auf eine leicht bemehlte Arbeitsfläche geben, kneten und zu einem runden Laib formen. Den Teig auf ein gut gefettetes Backblech legen, mit leicht eingeölter Frischhaltefolie abdecken und an einem warmen Ort gehen lassen.

Den Backofen auf 200 °C vorheizen. Wenn der Teig sein Volumen fast verdoppelt hat, die Frischhaltefolie entfernen. Den Laib mit verquirltem Ei bestreichen und mit schwarzer Senfsaat bestreuen. Mit einer Küchenschere die Oberfläche des Brotes leicht einschneiden. Das Brot im Ofen in 25 Minuten goldbraun und knusprig backen. Den Laib auf ein Kuchengitter geben und vor dem Servieren 15 Minuten abkühlen lassen.

Zutaten

250 ml Wasser, lauwarm
2 EL Butter, geschmolzen
3 TL englisches Senfpulver
2 EL grober Senf
1/2 TL Kurkuma
1/2 TL Salz
450 g Weizenmehl Type 550
1 TL Trockenhefe

Außerdem

1 Ei, verquirlt
1 EL schwarze Senfsaat

Käse-Kräuter-Brot

Käse dazugeben

Die ersten fünf Zutaten in der Reihenfolge in den Backbehälter geben. Das Programm „Schnell" starten.

Wenn das Programm es angibt, Schnittlauch, Petersilie, Basilikum, Parmesan, schwarzen Pfeffer und Käse dazugeben. Wenn das Programm beendet ist, das Brot auf ein Kuchengitter legen und 20 Minuten abkühlen lassen. Das Brot ist als Zwischenmahlzeit ideal und schmeckt am besten warm. Wenn Sie mit Ihrem Brotbackautomaten mehr vertraut sind, möchten Sie vielleicht verschiedene andere Kräutermischungen anstelle der vorgeschlagenen ausprobieren: frischer Thymian, Rosmarin, Koriander – Sie haben die Wahl.

Zutaten

190 ml Wasser, lauwarm
1 EL Olivenöl mit Basilikum
1 TL Salz
300 g Weizenmehl Type 550
1 TL Trockenhefe

Außerdem

2 EL Schnittlauch, frisch geschnitten
2 EL Blattpetersilie, frisch gehackt
2 EL Basilikum, frisch gehackt
125 g Parmesan, gerieben
1/2 TL schwarzer Pfeffer, frisch gemahlen
130 g alter Gouda, gerieben

Paprika-Zwiebel-Brot

Gemüse auf den Teig geben

Zutaten

250 ml Wasser, lauwarm
1 EL Olivenöl
1 TL Salz
490 g Weizenmehl Type 550
1 TL Trockenhefe

Außerdem

1 rote Zwiebel
2 gelbe Paprikaschoten
1 rote Paprikaschote
2 EL Olivenöl

Die ersten fünf Zutaten in der angegebenen Reihenfolge in den Backbehälter geben. Das Programm „Teig" starten. Den Backofen auf 200 °C vorheizen. Die Zwiebel schälen und die Kerngehäuse der Paprikaschoten entfernen. Die Zwiebel von oben nach unten in schmale Spalten schneiden. Die Paprikaschoten in mundgerechte Stücke schneiden. Paprikaschoten und Zwiebeln in einer Schüssel mit dem Olivenöl mischen, anschließend das Gemüse auf ein Backblech geben und 25 Minuten im Ofen rösten. Es sollte dann gar und weich sein. Das Gemüse aus dem Ofen nehmen, beiseite stellen und abkühlen lassen.

Wenn das Teigprogramm beendet ist, den Teig auf eine leicht bemehlte Arbeitsfläche geben und kurz durchkneten. Den Teig mit einem bemehlten Teigroller ausrollen und zu einem Rechteck ausziehen (30 cm x 23 cm). Die abgekühlte Zwiebel-Paprikaschoten-Mischung darauf streuen, dabei einen Rand von 1/2 cm frei lassen. Den Teig von der langen Seite locker aufrollen, dabei wird das Gemüse mit Teig umhüllt. Die Enden durch Zusammendrücken des Teiges versiegeln und die Rolle gut verschließen. Die Rolle auf ein leicht gefettetes und bemehltes Backblech legen und mit eingeölter Frischhaltefolie abdecken. An einem warmen Ort etwa 45 Minuten gehen lassen.

Den Backofen auf 220 °C vorheizen. Wenn der Teig sein Volumen fast verdoppelt hat, die Folie entfernen und das Brot etwa 10 Minuten backen.

Dann die Hitze auf 190 °C reduzieren und das Brot weitere 15 bis 20 Minuten backen, bis es goldbraun geworden ist. Den Laib vorsichtig auf ein Kuchengitter heben und abkühlen lassen. Das Brot schmeckt am besten noch leicht warm.

Käse-Tomaten-Brot

Tomatenketchup dazugeben

Zutaten

250 ml Wasser, lauwarm
1 EL Olivenöl
1 Ei (Größe M), verquirlt
3 EL Tomatenketchup
1 TL Salz
1 TL schwarzer Pfeffer, frisch gemahlen
525 g Weizenmehl Type 550
1 TL Trockenhefe

Außerdem

260 g mittelalter Gouda, geraspelt

Die ersten acht Zutaten in der angegebenen Reihenfolge in den Backbehälter geben. Das Programm „Normal" starten.

Wenn der Automat das entsprechende Signal gibt, den Käse dazugeben. Wenn das Programm beendet ist, das Brot auf ein Kuchengitter legen und abkühlen lassen. Lassen Sie sich nicht von Tomatenketchup als Zutat abschrecken, das Brot schmeckt köstlich. Genießen Sie es getoastet zu einer Suppe oder nehmen Sie es als Pausenbrot mit.

Ein Frühstücksvorschlag: Ein Ei und ein wenig Milch verquirlen und mit Salz und Pfeffer würzen. Brotscheiben in die Eimischung tauchen, dann in

einer beschichteten Pfanne von beiden Seiten goldbraun braten. Dieses Frühstück sättigt bis zum Mittagessen, wenn Sie es auf die englische Art mit gebratenem Frühstücksspeck oder erwärmten Baked Beans (weißen Bohnen in Tomatensauce, Dosenprodukt) genießen.

Wer es etwas würziger mag, rührt vor dem Eintauchen des Brotes einen Spritzer Worcestersauce in die Ei-Milch-Mischung.

Pitta-Brot

Fladen formen

Alle Zutaten in der angegebenen Reihenfolge in den Backbehälter geben. Das Programm „Teig“ starten.

Wenn das Teigprogramm beendet ist, den Teig auf eine bemehlte Arbeitsfläche geben und 2 bis 3 Minuten kneten. Den Teig in 10 gleich große Stücke teilen und jedes zu einer Kugel formen. Die Teigkugeln auf ein leicht gefettetes und bemehltes Backblech legen, mit eingeölter Frischhaltefolie bedecken und 20 Minuten gehen lassen. Die Teigstücke mit einem bemehlten Teigroller zu ovalen, etwa 1/2 cm dicken Fladen ausrollen. Die Fladen auf das Backblech legen und weitere 15 Minuten gehen lassen.

Den Backofen auf die höchste Temperaturstufe vorheizen. Wenn der Teig aufgegangen ist, die Fladen 5 Minuten im Ofen backen. (Wenn sie etwas länger brauchen, die Temperatur auf 190 °C reduzieren und 2 bis 3 Minuten länger backen.) Die Pitta-Brote auf ein Kuchengitter legen, mit einem sauberen Küchentuch bedecken und vor dem Servieren ein wenig abkühlen lassen.

Zutaten

185 ml Wasser, lauwarm
1 EL Sonnenblumenöl
1 TL Salz
450 g Weizenmehl Type 550
1 TL Trockenhefe

Käse-Salbei-Brot

Die Teigoberfläche einschneiden

Die ersten sechs Zutaten in der angegebenen Reihenfolge in den Backbehälter geben. Das Programm „Teig" starten.

Wenn das Teigprogramm beendet ist, den Teig auf eine leicht bemehlte Arbeitsfläche geben und 2 bis 3 Minuten kneten. Mit einem leicht bemehlten Teigroller den Teig zu einem Rechteck (etwa 40 cm x 23 cm) ausrollen. Den Teig mit verquirltem Ei bestreichen, dabei etwas übrig behalten für das spätere Bestreichen des Brotes. Den Käse gleichmäßig darüber krümeln. Die Salbeiblätter längs auf das halbe Teigstück legen. Es von der langen Seite her zusammenklappen, so dass der Käse und der Salbei mit Teig umhüllt sind. Die Ränder gut zusammendrücken, dabei vorsichtig auf den Teig drücken, damit sich kein Zwischenraum bildet.

Den Teig auf ein gefettetes Backblech legen und mit eingeölter Frischhaltefolie abdecken. Den Teig etwa 45 Minuten gehen lassen. (Er wird aufgehen, aber nicht seine Größe verdoppeln, da er Maismehl enthält.)

Den Backofen auf 200 °C vorheizen. Die Teigoberfläche mit dem Rest des verquirlten Eis bestreichen. Mit einem scharfen, angefeuchteten Messer die Oberfläche rautenförmig einschneiden. Den Laib im Ofen etwa 25 Minuten backen, bis er goldbraun ist. Das fertige Brot 10 Minuten auf einem Kuchengitter abkühlen lassen. Dieses Brot schmeckt wunderbar lauwarm zu einer Suppe oder zu einem Salat.

Zutaten

250 ml Wasser, lauwarm
1 EL Olivenöl
1 TL Salz
375 g Weizenmehl Type 550
150 g feines Maismehl
1 TL Trockenhefe

Außerdem

1 Ei (Größe M), verquirlt
100 g Blauschimmelkäse
12 frische Salbeiblätter

Camembert-Zwiebel-Brot

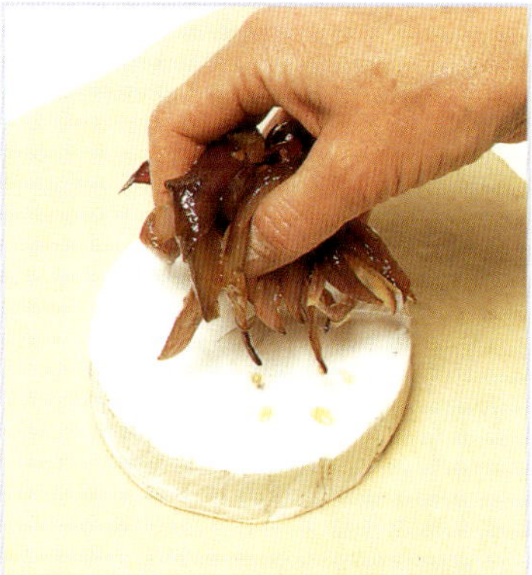

Zwiebeln dazugeben

Die ersten sieben Zutaten in der angegebenen Reihenfolge in den Backbehälter geben. Das Programm „Teig" starten.

Butter und Olivenöl in einer kleinen Pfanne erhitzen. Die Zwiebelstücke darin weich und glasig dünsten. Die Pfanne vom Herd nehmen und die Zwiebeln abkühlen lassen.

Wenn das Teigprogramm beendet ist, den Teig auf eine leicht bemehlte Arbeitsfläche geben und 2 Minuten kneten. Den Teig mit einem leicht bemehlten Teigroller zu einem kreisrunden Fladen ausrollen, der so groß ist, dass man den ganzen Camembert darin einhüllen kann. Den Käse in die Mitte des Kreises setzen und die abgekühlten Zwiebeln darauf geben. Die Teigränder mit etwas verquirltem Ei bestreichen und dann über dem Camembert zusammenschlagen. Die Teigränder gut zusammendrücken. Das Brot auf ein leicht geöltes und bemehltes Backblech legen. Das Brot mit eingeölter Frischhaltefolie abdecken und an einem warmen Ort gehen lassen.

Den Backofen auf 200 °C vorheizen. Wenn der Teig gut aufgegangen ist, ihn mit dem restlichen Ei bestreichen und dann etwa 25 Minuten backen, bis das Brot goldbraun und knusprig ist. Danach 15 Minuten abkühlen lassen. Dieses Brot sollten Sie warm essen. Es schmeckt so am allerbesten.

Zutaten

250 ml Wasser, lauwarm
1 EL Olivenöl
1 TL Salz
2 EL Honig
1/2 TL englisches Senfpulver
485 g Weizenmehl Type 550
1 TL Trockenhefe

Außerdem

1 EL Butter
1 EL Olivenöl
1 große rote Zwiebel, fein gehackt
1 ganzer Camembert (ca. 250 g, Durchmesser ca. 10 cm)
1 Ei, verquirlt

Walnussbrot

Mehl dazugeben

Zutaten

250 ml Wasser, lauwarm
2 EL Walnussöl
1 TL Salz
1 TL feiner Zucker
450 g Weizenmehl, Type 550
1 TL Trockenhefe

Außerdem

100 g Walnusskerne, grob gehackt

Die ersten sechs Zutaten in der angegebenen Reihenfolge in den Backbehälter geben. Das Programm „Normal" starten.

Wenn der Automat das entsprechende Signal gibt, die Walnüsse dazugeben. Wenn das Programm beendet ist, das Brot auf ein Kuchengitter legen und abkühlen lassen.

Dieses Brot schmeckt besonders gut zu Käse und Früchten. Es ist außerdem ein wunderbarer Salatbegleiter.

Walnussöl bekommen Sie im Supermarkt oder in Bioläden und Reformhäusern. Bewahren Sie es an einem kühlen, dunklen Ort auf, dann hält es etwa drei Monate. Walnussöl passt gut zu Salatsaucen oder Dips. In Frankreich wird es „huile de noix" genannt.

Oliven-Oregano-Brot

Schwarze Oliven dazugeben

Hefe dazugeben

Zutaten

250 ml Wasser, lauwarm
2 EL Olivenöl
1 TL Salz
450 g Weizenmehl Type 550
1 TL Trockenhefe

Außerdem

2 TL getrockneter Oregano
50 g schwarze Oliven, entsteint, gehackt

Die ersten fünf Zutaten in der angegebenen Reihenfolge in den Backbehälter geben. Das Programm „Normal" starten.

Wenn der Automat das entsprechende Signal gibt, den Oregano und die Oliven dazugeben. Wenn das Programm beendet ist, das Brot auf ein Kuchengitter legen und abkühlen lassen. Dieses leckere Brot ist ein perfekter Begleiter italienischer Gerichte. Sie können auch grüne Oliven nehmen, wenn Sie diese lieber mögen. Kleine Häppchen, schnell zubereitet: dünne Brotscheiben toasten, in mundgerechte Stücke schneiden und mit ein wenig Frischkäse bestreichen.

Mais-Chili-Brot

Maismehl dazugeben

Zutaten

165 ml Wasser, lauwarm
1 EL Butter, geschmolzen, lauwarm
1 EL Honig
1 TL scharfe Paprikaflocken (Pulbiber)
1/2 TL Salz
2 EL Frischkäse
225 g Weizenmehl Type 550
75 g feines Maismehl
Trockenhefe

Die Zutaten in der angegebenen Reihenfolge in den Backbehälter geben. Das Programm „Normal" starten.

Wenn das Programm beendet ist, das Brot auf ein Kuchengitter legen und vor dem Servieren 20 Minuten abkühlen lassen.

Dieses Brot ist als Beilage für Ragouts oder herzhafte Eintöpfe ideal. Wenn Sie es einmal gebacken haben, können Sie beim nächsten Mal entscheiden, ob Sie es etwas schärfer oder lieber etwas milder mögen. Sie brauchen einfach nur die Menge an Chiliflocken zu verändern.

Maismehl gibt es in verschiedenen Mahlgraden: fein, mittel und grob. Es wird aus getrockneten Maiskörnern hergestellt.

Süßkartoffelbrot

Die ersten sechs Zutaten in der angegebenen Reihenfolge in den Backbehälter geben. Das Programm „Teig" starten.

Das Olivenöl in einer kleinen Pfanne erhitzen, die Zwiebelstücke darin weich und glasig dünsten. Piment und Cayennepfeffer dazugeben und eine weitere Minute dünsten. Die Pfanne vom Herd nehmen und die zerdrückten Süßkartoffeln dazugeben.

Wenn das Teigprogramm beendet ist, den Teig auf eine bemehlte Arbeitsfläche geben und die Süßkartoffelmischung darunter kneten. (Die Mischung ist ziemlich feucht, deshalb sollten Sie recht schnell arbeiten und, wenn nötig, noch etwas Mehl hinzufügen.)

Den Teig in eine leicht geölte Backform (etwa 33 cm x 23 cm) geben und hineindrücken, so dass er den Boden gleichmäßig bedeckt. Den Teig mit eingeölter Frischhaltefolie abdecken und gehen lassen, bis er sein Volumen fast verdoppelt hat.

Den Backofen auf 200 °C vorheizen. Die Folie entfernen und den Teig im Ofen 20 bis 25 Minuten backen, bis er goldbraun und durchgebacken ist. Das Brot auf ein Kuchengitter legen und abkühlen lassen.

Zutaten

250 ml Wasser, lauwarm
1 EL Olivenöl
1 TL Salz
1 TL Honig
525 g Weizenmehl Type 550
1 TL Trockenhefe

Außerdem

1 EL Olivenöl
1 kleine Zwiebel, fein gehackt
1 TL gemahlener Piment
1/4 TL Cayennepfeffer
250 g Süßkartoffeln, gekocht, abgekühlt und zerdrückt

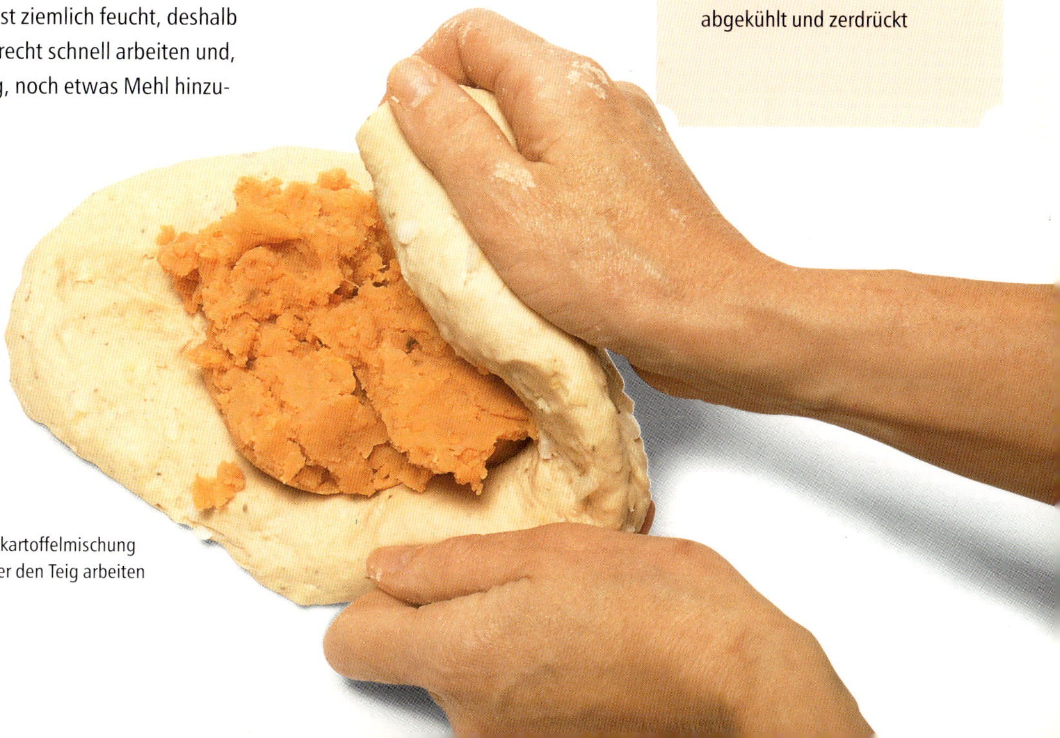

Süßkartoffelmischung unter den Teig arbeiten

Naan-Brote

Joghurt dazugeben

Die Zutaten in der angegebenen Reihenfolge in den Backbehälter geben. Das Programm „Teig" starten.

Wenn das Teigprogramm beendet ist, den Teig auf eine bemehlte Arbeitsfläche geben und 2 bis 3 Minuten kneten. Den Teig in 8 gleich große Stücke teilen. Die Teigstücke mit einem leicht bemehlten Teigroller tropfenförmig etwa 1/2 cm dick ausrollen. Die Naan-Brote auf ein leicht geöltes und bemehltes Backblech legen, mit einem feuchten Küchentuch bedecken und 20 Minuten gehen lassen.

Den Grill auf die höchste Temperaturstufe vorheizen. Das Küchentuch entfernen und jedes Brot 2 bis 3 Minuten grillen. Es sollten sich dabei kleine goldbraune Flecken auf der Oberfläche bilden. Den Brotfladen wenden und von der anderen Seite grillen. Die Naan-Brote sofort servieren oder bei Bedarf wieder erwärmen. Dazu in Alufolie wickeln und für 5 Minuten in den heißen Ofen geben.

Zutaten

190 ml Wasser, lauwarm
2 EL Sonnenblumenöl
1 TL Honig
4 EL Naturjoghurt
1 TL Salz
450 g Weizenmehl Type 550
1 TL Trockenhefe

Naan-Brote formen

Focaccia

Zutaten

250 ml Wasser, lauwarm
1 TL Trockenhefe
4 EL Olivenöl
450 g Weizenmehl Type 550
1 TL Salz

Außerdem

2 EL Olivenöl
1 EL grobes Meersalz
1 EL frische Rosmarinnadeln

Das lauwarme Wasser in eine große Schüssel geben. Trockenhefe, Olivenöl und 160 g Weizenmehl dazugeben. Alles gut mischen. Die Schüssel mit Frischhaltefolie abdecken und den Teig an einem warmen Ort 2 bis 3 Stunden ruhen lassen.

Den Vorteig in den Backbehälter geben, das restliche Mehl und das Salz dazugeben. Das Programm „Teig" starten.

Wenn das Teigprogramm beendet ist, den Teig auf eine bemehlte Arbeitsfläche geben und kurz durchkneten. Den Teig auf ein flaches Backblech (etwa 23 cm x 33 cm) geben und gleichmäßig in die Form drücken. Den Teig mit eingeölter Frischhaltefolie abdecken und so lange gehen lassen, bis er fast das doppelte Volumen erreicht hat.

Den Backofen auf 220 °C vorheizen. Die Fingerspitzen mit Olivenöl bestreichen und an mehreren Stellen in die Teigoberfläche drücken. Das restliche Olivenöl darüber träufeln und den Teig mit Meersalz und Rosmarin bestreuen. Die Focaccia im Ofen 25 Minuten backen. Wenn sie durchgebacken ist, die Focaccia auf ein Kuchengitter legen und abkühlen lassen.

Teigoberfläche eindrücken

Kartoffelbrot mit Zwiebeln und Thymian

Frische Kräuter dazugeben

Die ersten sechs Zutaten in der angegebenen Reihenfolge in den Backbehälter geben. Das Programm „Teig" starten.

Das Öl in einer Pfanne erhitzen und die Zwiebeln darin weich und glasig dünsten. Die Thymianblättchen darunter rühren und die Zwiebeln 1 bis 2 Minuten weiterdünsten. Die Pfanne vom Herd nehmen, das Kartoffelpüree gut darunter rühren und nach Belieben würzen.

Wenn das Teigprogramm es angibt, die Kartoffelmischung zum Teig in den Backbehälter geben. Wenn das Programm beendet ist, den Teig aus dem Backbehälter nehmen und in eine Tarteform (28 cm Durchmesser) drücken. (Falls der Teig sehr feucht ist, die Hände gut einmehlen.) Den Teig mit eingeölter Frischhaltefolie abdecken und fast bis auf das doppelte Volumen aufgehen lassen.

Den Backofen auf 200 °C vorheizen. Die Folie entfernen und den Teig im Ofen 20 Minuten backen, bis er eine goldbraune Kruste gebildet hat.

Dies ist ein ziemlich kompaktes, feuchtes Brot. Es passt sehr gut warm zu Ragouts oder anderen Gerichten mit leckeren Saucen, die man mit Brot auftunken kann.

Zutaten

250 ml Wasser, lauwarm
2 EL Olivenöl
1 TL Salz
375 g Weizenmehl Type 550
150 g feines Maismehl
1 TL Trockenhefe

Außerdem

1 EL Olivenöl
1 kleine Zwiebel, fein gehackt
2 EL frische Thymianblättchen
200 g Kartoffelpüree, kalt
Salz und frisch gemahlener schwarzer Pfeffer

Teig in die Form drücken

Drei Käse-Tomaten-Brot

Olivenöl dazugeben

Die ersten neun Zutaten in der angegebenen Reihenfolge in den Backbehälter geben. Das Programm „Teig" starten.

Wenn das Teigprogramm beendet ist, den Teig auf eine leicht bemehlte Arbeitsfläche geben und 2 bis 3 Minuten durchkneten. Ihn mit einem Teigroller zu einem Rechteck von etwa 35 cm x 20 cm ausrollen. (Falls der Teig zu elastisch ist und sich nicht gut ausrollen lässt, ihn 5 Minuten ruhen lassen.) Die Mozzarellascheiben auf den Teig legen, dabei einen 2 cm breiten Rand lassen. Dann den Blauschimmelkäse über den Mozzarella krümeln. Den Teig von der langen Seite her aufrollen und den Käse dadurch einrollen. Die Enden der Rolle zusammendrücken und so verschließen. Die Teigrolle mit der Naht nach unten auf ein leicht geöltes Backblech legen und an einem warmen Ort gehen lassen.

Den Backofen auf 200 °C vorheizen. Wenn der Teig sein Volumen fast verdoppelt hat, die Folie entfernen, die Teigoberfläche mit Olivenöl bestreichen und Meersalz darüber streuen. Das Brot 30 bis 35 Minuten im Ofen backen. Es sollte goldbraun und knusprig werden. Das Brot anschließend auf ein Kuchengitter geben und vor dem Anschneiden 15 Minuten ruhen lassen. Dann in Scheiben schneiden und servieren. Dieses Brot schmeckt getoastet besonders gut.

Zutaten

250 ml Wasser, lauwarm
1 EL Olivenöl
2 EL Pesto rosso
1 TL feiner Zucker
1 TL Salz
2 EL Magermilchpulver
3 EL Parmesan, frisch gerieben
520 g Weizenmehl Type 550
1 1/2 TL Trockenhefe

Außerdem

100 g Mozzarella, in dünnen Scheiben
75 g Blauschimmelkäse
1 EL Olivenöl
1 TL grobes Meersalz

Süße Brote und Kuchen

Süßes Haferbrot

Haferkleie dazugeben

Die ersten acht Zutaten in der angegebenen Reihenfolge in den Backbehälter geben. Das Programm „Teig" starten.

Wenn das Teigprogramm beendet ist, den Teig herausnehmen und auf einer leicht bemehlten Arbeitsfläche 2 bis 3 Minuten kneten.

Den Teig zu einer Kugel formen und auf ein leicht geöltes und bemehltes Backblech geben. Den Teig locker mit eingeölter Frischhaltefolie abdecken und an einem warmen Ort fast bis zur doppelten Größe aufgehen lassen.

Den Backofen auf 200 °C vorheizen. Die Folie entfernen, die Teigoberfläche mit der geschmolzenen Butter bestreichen und die Haferflocken darüber streuen.

Das Brot im Ofen 20 bis 25 Minuten backen, bis es goldbraun und durchgebacken ist. Das Brot auf ein Kuchengitter legen und abkühlen lassen.

Haferflocken vor dem Backen aufstreuen

Zutaten

250 ml Wasser, lauwarm
1 EL Magermilchpulver
2 EL brauner Zuckersirup
2 EL Butter, geschmolzen, lauwarm
1/2 TL Salz
225 g Weizenmehl Type 550
40 g Haferkleie
1 TL Trockenhefe

Außerdem

1 EL Butter, geschmolzen
1 EL Haferflocken

Müslibrot

Müsli in den Brotbackautomaten geben

Magermilchpulver dazugeben

Zutaten

250 ml Wasser, lauwarm
2 EL Magermilchpulver
1 EL Honig
1/2 TL Salz
2 EL Sonnenblumenöl
300 g Weizenmehl Type 550
375 g Müsli
1 TL Trockenhefe

Alle Zutaten in der angegebenen Reihenfolge in den Backbehälter geben. Das Programm „Normal" starten.

Wenn das Programm beendet ist, das Brot herausnehmen und auf einem Kuchengitter abkühlen lassen.

Dieses Brot ist für ein schnelles Frühstück ideal. Es sättigt und ist nahrhaft. Genießen Sie es mit Butter und Marmelade bestrichen oder einfach nur getoastet.

Es schmeckt aber auch als kleiner Snack zu einem Stück Käse und Obst oder kann Grundlage für eine kalte Hauptmahlzeit sein.

Schokoladen-Nuss-Zopf

Rolle längs durchschneiden

Zutaten

125 ml Milch, lauwarm
125 ml Wasser, lauwarm
2 Eier, verquirlt
45 g Butter, geschmolzen, lauwarm
2 EL feiner Zucker
1/2 TL Salz
525 g Weizenmehl Type 550
1 TL Trockenhefe

Außerdem

75 g Butter, weich
75 g feiner Zucker
1 Ei, verquirlt
100 g Haselnüsse, gehackt und geröstet
75 g Bitterschokolade, gehackt

Die ersten acht Zutaten in der angegebenen Reihenfolge in den Backbehälter geben. Das Programm „Teig" starten.

In einer Schüssel Butter und Zucker kremig rühren. Dann nacheinander das Ei, die Nüsse und die gehackte Schokolade darunter rühren und die Mischung beiseite stellen.

Wenn der Teig fertig ist, ihn auf eine leicht bemehlte Arbeitsfläche geben und 2 bis 3 Minuten kneten. Den Teig mit einem leicht bemehlten Teigroller zu einem Rechteck (etwa 50 cm x 26 cm) ausrollen. Die Schokoladen-Nuss-Mischung darauf streichen.

Den Teig von der langen Seite her aufrollen. Die Enden der Rolle gut zusammendrücken. Mit einem langen, scharfen Messer die Rolle einmal quer halbieren, um zwei Rollen zu erhalten.

Die erste Rolle längs durchschneiden und die beiden halbierten Rollen umeinander drehen. Die Schnittflächen sollten dabei immer oben sein, damit die Füllung nicht herausfällt. Die Enden des so entstandenen Zopfes zusammendrücken. Die zweite Rolle ebenso zu einem Zopf formen.

Die beiden Zöpfe auf ein leicht geöltes und bemehltes Backblech legen, dabei genügend Abstand lassen. Locker mit eingeölter Frischhaltefolie abdecken und 45 Minuten gehen lassen.

Den Backofen auf 200 °C vorheizen. Die Folie entfernen und die Zöpfe im Ofen etwa 25 Minuten backen, bis sie goldbraun und durchgebacken sind.

Die Zöpfe auf ein Kuchengitter legen und abkühlen lassen. Aber nicht zu lange! Sie schmecken am besten lauwarm.

Schokoladen-schnecke

Schneckenförmig aufwickeln

Zutaten

250 ml Milch, lauwarm
3 EL feiner Zucker
1 TL Salz
45 g Butter, geschmolzen, lauwarm
485 g Weizenmehl Type 550
1 TL Trockenhefe

Außerdem

100 g Bitterschokolade, gehackt
1 Ei, verquirlt

Die ersten sechs Zutaten in der angegebenen Reihenfolge in den Backbehälter geben. Das Programm „Teig" starten.

Wenn das Teigprogramm beendet ist, den Teig auf eine leicht bemehlte Arbeitsfläche geben und 2 bis 3 Minuten kneten. Die gehackte Schokolade dazugeben und gut darunter kneten. Den Teig zu einer langen Rolle formen, dabei die Enden spitz zulaufen lassen. Die Teigrolle auf ein leicht

geöltes und bemehltes Backblech legen und schneckenförmig aufwickeln. Die Enden unter den Teig stecken. Das Brot locker mit eingeölter Frischhaltefolie abdecken und an einem warmen Ort etwa 45 Minuten gehen lassen.

Den Backofen auf 200 °C vorheizen. Wenn das Brot sein Volumen fast verdoppelt hat, die Folie abnehmen und die Teigoberfläche mit Ei bestreichen. Das Brot im Ofen etwa 25 Minuten backen, bis es goldbraun geworden ist, anschließend auf einem Kuchengitter abkühlen lassen.

Schnelles Zitronen-Ingwer-Brot

Zitronenzesten dazugeben

Zitronensaft unter die Eiermischung rühren

Zutaten

3 Eier
75 ml Sonnenblumenöl
60 ml frisch gepresster Zitronensaft
feine Schalenstreifen (Zesten) von 1 Zitrone (unbehandelt)
375 g Weizenmehl Type 405
2 TL Backpulver
1/2 TL Natron
1 1/2 TL Ingwerpulver
100 g brauner Zucker
100 g feiner Zucker

Eier, Sonnenblumenöl, Zitronensaft und abgeriebene Zitronenschale in einer Schüssel gut aufschlagen. Die Mischung in den Backbehälter geben.

Mehl, Backpulver, Natron und Ingwer zusammen sieben, dann braunen und weißen Zucker dazugeben. Die Zutaten verrühren, bis sie gut vermischt sind. Die Mischung in den Backbehälter geben. Das Programm „Kuchen" starten.

Während des Mischens prüfen, ob sich alle Zutaten gut verbinden. (Wenn nötig, mit einem Kunststoffschaber das Mehl von den Wänden streifen.)

Wenn das Programm beendet ist, das Brot herausnehmen und auf einem Kuchengitter abkühlen lassen.

Schnelles Konfitüren-Zitrus-Brot

Saft dazugeben

Die Butter und die Konfitüre in einen Topf geben und unter Rühren erhitzen, bis sich die beiden Zutaten gut verbunden haben. Mischung beiseite stellen und abkühlen lassen.

Die Schalen der Orange, der Limette und der Zitrone abreiben. In einer Schüssel die Butter-Konfitüren-Mischung, die abgeriebenen Schalen und die Eier gut verrühren. Den Saft einer halben Orange, einer halben Limette und einer halben Zitrone dazugeben und alles gut verquirlen. Die Mischung in den Backbehälter geben.

Mehl, Backpulver und Natron in eine Schüssel sieben. Den Zucker darunter rühren. Die Mischung ebenfalls in den Backbehälter geben. Das Programm „Kuchen" starten.

Während des Mischens prüfen, ob sich alle Zutaten gut verbinden. (Wenn nötig, mit einem Kunststoffschaber das Mehl von den Wänden streifen.) Wenn das Programm beendet ist, das Brot herausnehmen und auf einem Kuchengitter abkühlen lassen.

Zutaten

110 g Butter
90 g Konfitüre
1 Orange (unbehandelt)
1 Limette (unbehandelt)
1 Zitrone (unbehandelt)
4 Eier
375 g Weizenmehl Type 405
1 EL Backpulver
1/2 TL Natron
100 g feiner Zucker

Schnelles Heidelbeer-Mandel-Brot

Heidelbeeren dazugeben

Geschmolzene Butter, Eier und Mandelaroma in einer Schüssel gut verrühren und in den Backbehälter geben.

Mehl, Backpulver, Natron und Salz in eine Schüssel sieben. Mandeln und Zucker darunter rühren. Dann die Mischung ebenfalls in den Backbehälter geben. Das Programm „Kuchen" starten.

Während des Mischens prüfen, ob sich alle Zutaten gut verbinden. (Wenn nötig, mit einem Kunststoffschaber das Mehl von den Wänden streifen.)

Wenn der Automat das entsprechende Signal gibt, die Heidelbeeren dazugeben. Wenn das Programm beendet ist, das Brot herausnehmen und auf einem Kuchengitter abkühlen lassen.

Zutaten

110 g Butter, geschmolzen, lauwarm
3 Eier
1/2 TL Mandelaroma
300 g Weizenmehl Type 405
1 EL Backpulver
1/2 TL Natron
1/2 TL Salz
70 g gemahlene Mandeln
125 g feiner Zucker
125 g frische Heidelbeeren

Apfelbrot

Apfelmus dazugeben

Geschmolzene Butter, Eier und Apfelmus in einer Schüssel verrühren und in den Backbehälter geben.

Mehl, Backpulver, Natron, Salz und Zimt in eine Schüssel sieben, dann den braunen Zucker dazugeben. Alles gut verrühren und in den Backbehälter geben. Das Programm „Kuchen" starten.

Während des Mischens prüfen, ob sich alle Zutaten gut verbinden. (Wenn nötig mit einem Kunststoffschaber das Mehl, das an den Wänden hängt, hinunter streifen.) Wenn das Programm beendet ist, das Brot herausnehmen und auf einem Kuchengitter abkühlen lassen.

Zutaten

110 g Butter, geschmolzen und lauwarm
3 Eier
250 ml Apfelmus
375 g Weizenmehl Type 405
1 EL Backpulver
1/2 TL Natron
1/2 TL Salz
1 TL Zimtpulver
100 g brauner Zucker

Schnelles Ananas-Kokos-Bananen-Brot

Verquirlte Eier dazugeben

Zutaten

110 g Butter, geschmolzen, lauwarm
1 Banane, zerdrückt
160 g Ananas, fein gehackt
4 Eier, verquirlt
375 g Weizenmehl Type 405
1 EL Backpulver
1/2 TL Natron
200 g Kokosflocken
100 g brauner Zucker

Geschmolzene Butter, Banane, Ananas und Eier in einer Schüssel verrühren und in den Backbehälter geben.

Mehl, Backpulver und Natron in eine Schüssel sieben. Kokosflocken und braunen Zucker darunter rühren. Die Mischung ebenfalls in den Backbehälter geben und das Programm „Kuchen" starten.

Während des Mischens prüfen, ob sich alle Zutaten gut verbinden. (Wenn nötig, mit einem Kunststoffschaber das Mehl von den Wänden streifen.) Wenn das Programm beendet ist, das Brot herausnehmen und auf einem Kuchengitter abkühlen lassen.

Apfel-Früchte-Zopf

Zopf formen

Die ersten sieben Zutaten in der angegebenen Reihenfolge in den Backbehälter geben. Das Programm „Teig" starten.

Wenn das Teigprogramm beendet ist, den Teig auf eine leicht bemehlte Arbeitsfläche geben und kurz durchkneten. Den Teig mit einem leicht bemehlten Teigroller zu einem Rechteck von etwa 40 cm x 25 cm ausrollen. Die Apfelscheiben auf dem mittleren Drittel des Teigs verteilen, seitlich jeweils einen 2,5 cm breiten Rand lassen. Die getrockneten Früchte über die Äpfel streuen. Die Butter in kleine Stücke schneiden und mit dem Zucker in einer Schüssel mischen. Dann die Streusel gleichmäßig über die Früchte streuen. Mit einem scharfen Messer die Ecken diagonal, bis etwa 1,5 cm vor der Füllung, einschneiden. Die beiden kurzen Seiten mit dem verquirlten Ei bestreichen und über die Füllung legen. Nun die Längsseiten im Abstand von 2,5 cm einschneiden und mit verquirltem Ei bestreichen. Zwei gegenüberliegende Streifen anheben und über der Füllung zusammenlegen. Auf diese Weise alle Streifen über die Füllung legen. Den Zopf vorsichtig auf ein gefettetes Backblech legen. Den Teig locker mit eingeölter Frischhaltefolie abdecken und 20 Minuten gehen lassen.

Den Backofen auf 200 °C vorheizen. Die Folie entfernen und den Teig mit verquirltem Ei bestreichen. Den Zopf im Ofen 20 bis 25 Minuten backen, bis er goldbraun geworden ist. Heiß oder kalt servieren.

Zutaten

250 ml Wasser, lauwarm
2 Eier, verquirlt
50 g Butter, weich
3 EL feiner Zucker
1 TL Salz
525 g Weizenmehl Type 550
1 1/2 TL Trockenhefe

Außerdem

2 Äpfel, geschält, entkernt und in dünnen Scheiben
100 g getrocknete gemischte Früchte
25 g Butter
1 EL feiner Zucker
1 Ei, verquirlt, zum Bestreichen

Zopf mit Ei bestreichen

Cranberry-Orangen-Brot

Zutaten

250 ml frisch gepresster Orangensaft
2 EL Butter, weich
1 Ei, verquirlt
2 EL feiner Zucker
1/2 TL Salz
525 g Weizenmehl Type 550
1 TL Trockenhefe

Außerdem

Saft von 1 Orange
75 g getrocknete Cranberrys
feine Schalenstreifen (Zesten) von 1 Orange (unbehandelt)

Die ersten sieben Zutaten in der angegebenen Reihenfolge in den Backbehälter geben. Das Programm „Teig" starten.

Den Orangensaft und die Cranberrys in eine Schüssel geben, damit die Cranberrys Saft ziehen, und beiseite stellen, bis das Teigprogramm beendet ist. Dann den Teig entnehmen, die Cranberrys absieben und zusammen mit der abgeriebenen Orangenschale zum Teig geben. Alles verkneten, bis die Zutaten gut mit dem Teig verbunden sind (vielleicht noch ein wenig Mehl dazugeben). Den Teig zu einer langen, dicken Rolle formen, die Rolle schneckenförmig aufwickeln und auf ein leicht geöltes und bemehltes Backblech legen. Den Teig locker mit einem feuchten Küchentuch abdecken und zur doppelten Größe aufgehen lassen.

Den Backofen auf 200 °C vorheizen. Wenn der Teig das Volumen fast verdoppelt hat, das Küchentuch entfernen und das Brot im Ofen 20 bis 25 Minuten backen. Es sollte dann goldbraun und durchgebacken sein. Das Brot auf ein Kuchengitter legen und abkühlen lassen.

Brot formen

Speckkuchen

Zutaten für den Speckkuchen

Zutaten

250 ml Wasser, lauwarm
2 EL Magermilchpulver
1 EL Honig
1 EL Butter, geschmolzen, lauwarm
1/2 TL Salz
450 g Weizenmehl Type 550
1 TL Trockenhefe

Außerdem

125 g Sultaninen und Korinthen, gemischt
50 g Orangeat und Zitronat, gemischt
1 TL Lebkuchengewürz
100 g brauner Zucker
100 g fetter Speck

Die ersten sieben Zutaten in der angegebenen Reihenfolge in den Backbehälter geben. Das Programm „Teig" starten.

Wenn das Teigprogramm beendet ist, den Teig herausnehmen und auf eine leicht bemehlte Arbeitsfläche legen. Den Teig kneten und mit einem leicht bemehlten Teigroller zu einem Oval von etwa 15 cm x 45 cm ausrollen. Drehen Sie den Teig so, dass eine der beiden kürzeren Seiten direkt vor Ihnen liegt. Die unteren zwei Drittel des Teigs nun mit jeweils einem Drittel von Sultaninen und Korinthen, Orangeat und Zitronat, Gewürz und braunem Zucker bestreuen. Ein Drittel des Specks in kleine Würfel schneiden und ebenfalls auf die unteren zwei Drittel des Teigs geben. Dann das obere, freie Drittel des Teigs anheben und über das mittlere Teigdrittel falten. Das untere, belegte Teigdrittel darüber falten. (Der Teig ist nun in drei Lagen gefaltet, ähnlich wie ein Brief.) Die offenen Enden an den Seiten mit dem Teigroller zusammendrücken. Den Teig nun um ein Viertel nach links drehen. (Die Seite ohne Naht sollte

Speckkuchen falten

nun nach links zeigen.) Den ganzen Vorgang noch zweimal wiederholen, bis die Füllung aufgebraucht ist. Lassen Sie den Teig danach 10 Minuten ruhen.

Zwei runde Kuchenbleche (ca. 18 cm Durchmesser) leicht einfetten. Den Teig zu einem Oval von etwa 33 cm x 15 cm ausrollen, dann quer halbieren. Die Schnittflächen gut zusammendrücken. Die Teigstücke in die vorbereiteten Formen legen, die Ecken unter den Teig stecken und die Brote in eine runde Form bringen. Beide Teigstücke mit einem feuchten Küchentuch abdecken und bei Zimmertemperatur bis fast auf die doppelte Größe aufgehen lassen. (Nicht zu warm stellen, sonst schmilzt der Speck.) Den Backofen auf 200 °C vorheizen. Die beiden Kuchen etwa 25 Minuten backen, bis sie goldbraun geworden sind. Vor dem Herausnehmen etwa 10 Minuten in den Formen abkühlen lassen

Früchtekranz

Die ersten acht Zutaten in der angegebenen Reihenfolge in den Backbehälter geben. Das Programm „Teig" starten.

In einer Schüssel Korinthen, Sultaninen, Traubenrosinen, Feigen und Aprikosen mischen und beiseite stellen.

Die Butter und den Zucker in einer Schüssel mit einem Holzlöffel kremig rühren. Nach und nach das verquirlte Ei darunter rühren. Dabei immer so lange verrühren, bis sich alles gut verbunden hat. Zum Schluss die gemahlenen Mandeln und das Mandelaroma dazugeben.

Wenn das Teigprogramm beendet ist, den Teig herausnehmen und auf eine leicht bemehlte Arbeitsfläche legen, 2 bis 3 Minuten kneten. Den Teig mit einem leicht bemehlten Teigroller zu einem Rechteck von etwa 56 cm x 25 cm ausrollen. Die Mandelmischung gleichmäßig darauf streichen. Dann die getrockneten Früchte darüber streuen.

Den Teig von der langen Seite her aufrollen, die Enden gut zusammendrücken und die Rolle verschließen.

Die Rolle mit einem scharfen Messer längs halbieren. Die beiden Hälften nun vorsichtig umeinander drehen, dabei sollten die aufgeschnit-

Zutaten

175 ml Wasser, lauwarm

2 EL Magermilchpulver

45 g Butter, geschmolzen, lauwarm

1 Ei, verquirlt

3 EL Honig

1 TL Salz

450 g Weizenmehl Type 550

1 TL Trockenhefe

Zopf formen

Außerdem

75 g Korinthen
75 g Sultaninen
50 g Traubenrosinen
100 g getrocknete Feigen, grob gehackt
100 g getrocknete Aprikosen, grob gehackt
75 g Butter
50 g feiner Zucker
1 Ei, verquirlt
50 g gemahlene Mandeln
1 TL Mandelaroma

tenen Flächen immer nach oben zeigen. Den Zopf auf ein leicht gefettetes und bemehltes Backblech legen. Nun den Zopf zu einem Kranz formen. Die Enden zusammendrücken und den Kranz schließen. Den Kranz mit einem feuchten Küchentuch abdecken und an einem warmen Ort 45 Minuten gehen lassen. Den Backofen auf 200 °C vorheizen. Das Küchentuch entfernen und den Kranz im Ofen 25 bis 30 Minuten backen.

Er sollte goldbraun und durchgebacken sein. Vorsichtig auf ein Kuchengitter heben und vollständig auskühlen lassen.

Teig ausrollen

Pekannussbrot

Magermilchpulver dazugeben

Pekannüsse dazugeben

Zutaten

250 ml Wasser, lauwarm
1 EL Magermilchpulver
1 TL Salz
90 ml Ahornsirup
300 g Vollkorn-Weizenmehl
150 g Weizenmehl Type 550
1 TL Trockenhefe

Außerdem

100 g Pekannüsse, grob gehackt

Die ersten sieben Zutaten in der angegebenen Reihenfolge in den Backbehälter geben. Das Programm „Normal" starten.

Wenn das Programm es anzeigt, die Pekannüsse dazugeben. Wenn das Brot gebacken ist, es auf ein Kuchengitter legen und abkühlen lassen.

Pekannüsse bestehen zu 70 % aus Fett. Deshalb sollten sie an einem kühlen, dunklen Ort aufbewahrt werden. Das Mindesthaltbarkeitsdatum beachten. Pekannüsse haben ein volles, butterartiges Aroma. Sie schmecken solo oder in verschiedenen Zubereitungen sehr gut. Ahornsirup wird aus dem Saft des Ahornbaums gewonnen. Durch Einkochen wird er dick und sirupartig. Indianer nutzen ihn als natürliches Süßungsmittel.

Bananen-Erdnuss-Brot

Die Bananen zusammen mit der Erdnussbutter zerdrücken und gut mischen. Die restlichen Zutaten in der angegebenen Reihenfolge in den Backbehälter geben. Die Bananen-Erdnuss-Mischung nach dem Salz und vor dem Mehl dazugeben. Das Programm „Normal" starten.

Wenn das Programm beendet ist, das Brot auf ein Kuchengitter legen und abkühlen lassen.

Erdnussbuttermischung dazugeben

Zutaten

2 Bananen
60 g Erdnussbutter mit Stückchen (crunchy)
250 ml Milch, warm
2 EL Butter, geschmolzen, lauwarm
2 EL feiner Zucker
1/2 TL Salz
525 g Weizenmehl Type 550
1 TL Trockenhefe

Dieses Brot ist für eine kleine Zwischenmahlzeit ideal. Kinder mögen es, weil es süß und nussig schmeckt. Es ist eine gute Resteverwertung für sehr reif gewordene Bananen. Sie können auch kremige Erdnussbutter ohne Stückchen (creamy) verwenden. Das fertige Brot einfach mit Butter bestreichen oder toasten – wie Sie es am liebsten mögen.

Honigbrot

Buttermilch dazugeben

Honig dazugeben

Zutaten

175 ml Wasser, lauwarm
1 Ei (Größe M), verquirlt
125 ml Buttermilch
4 EL Honig
1/2 TL Salz
485 g Vollkorndinkelmehl
1 TL Trockenhefe

Die Zutaten in der angegebenen Reihenfolge in den Backbehälter geben. Das Programm „Normal" starten.

Wenn das Brot fertig gebacken ist, es auf ein Kuchengitter legen und abkühlen lassen. Es gibt viele verschiedene Honigsorten, und jede hat ihr eigenes Aroma. Welchen Honig Sie wählen, hängt von Ihren Vorlieben ab. Es sollte aber ein flüssiger Honig sein, fester Honig eignet sich nicht.

Einfaches Vanillebrot

Vanillemark herauskratzen

Zutaten

250 ml Milch
1 Vanillestange
2 Eigelb (Größe M), verquirlt
2 EL Butter, geschmolzen
2 EL Buttermilch
75 g feiner Zucker
1/2 TL Salz
450 g Weizenmehl Type 550
1 TL Trockenhefe

Die Milch in einen kleinen Topf geben. Die Vanillestange mit einem scharfen Messer längs aufschneiden und in die Milch geben. Die Milch zum Kochen bringen, dann den Topf vom Herd nehmen und die Milch abkühlen lassen, bis sie lauwarm ist. Die Vanillestange herausnehmen. Das Vanillemark mit der Messerspitze herauskratzen und zur Milch geben. (Die Vanillestange entweder wegwerfen oder gründlich abspülen, trocknen lassen und in ein Glas mit Zucker geben, um ihn zu aromatisieren.)

Die Eigelbe und die Milch verquirlen. Zusammen mit den restlichen Zutaten in den Backbehälter geben. Das Programm „Normal" starten. Wenn das Programm beendet ist, das Brot herausnehmen und auf einem Kuchengitter abkühlen lassen.

Schokoladen-Birnen-Kuchen

Die ersten acht Zutaten in der angegebenen Reihenfolge in den Backbehälter geben. Das Programm „Teig" starten.

Die getrockneten Birnen grob hacken und zusammen mit dem Kaffee in eine Schüssel geben. Die Birnen quellen lassen, dabei mehrmals umrühren. Die Schokolade grob hacken und beiseite stellen. Wenn der Teig fertig ist, ihn herausnehmen, auf eine leicht bemehlte Arbeitsfläche legen und durchkneten. Den Teig in zwei Hälften teilen. Eine Hälfte gleichmäßig in eine Kranzform drücken. Die Birnen und die gehackte Schokolade darauf verteilen. Dann die zweite Teighälfte so formen, dass sie die Birnen und die Schokolade abdeckt, und auf die Füllung legen. Den Teig vorsichtig an den Rändern zusammendrücken, so dass die Füllung gut

Zutaten

250 ml Milch, lauwarm
1 Ei, verquirlt
60 g Butter, geschmolzen, lauwarm
4 EL feiner Zucker
1/2 TL Salz
frisch abgeriebene Schale von 1 Zitrone (unbehandelt)
450 g Weizenmehl Type 550
1 TL Trockenhefe

Außerdem

150 g getrocknete Birnen
4 EL starker Kaffee, heiß
100 g Zartbitter-Schokolade
1 EL Kakaopulver, gesiebt
4 EL Puderzucker, gesiebt

Teig in die Form geben

verschlossen ist. Der Kranz sollte an allen Stellen gleichmäßig dick sein. Den Kranz mit einem feuchten Küchentuch abdecken und an einem warmen Ort gehen lassen.

Den Backofen auf 200 °C vorheizen. Wenn der Kranz sein Volumen fast verdoppelt hat, das Küchentuch entfernen und den Kranz 20 bis 25 Minuten im Ofen backen. Er sollte dann goldbraun und durchgebacken sein.

Wenn der Kuchen lauwarm ist, das Kakaopulver mit dem Puderzucker mischen und mit ein wenig kochendem Wasser zu einer dicken Glasur verrühren. Die Glasur über den Kuchen träufeln.

Stollen

Marzipan einrollen

Die ersten neun Zutaten in der angegebenen Reihenfolge in den Backbehälter geben. Das Programm „Teig“ starten.

Wenn der Automat das entsprechende Signal gibt, Korinthen, Sultaninen, Rosinen, Orangeat, kandierte Kirschen und Mandeln dazugeben.

Zutaten

250 ml Milch, lauwarm
3 EL Honig
2 Eigelb
1/2 TL Salz
frisch geriebene Schale von 1 Zitrone (unbehandelt)
75 g Butter, geschmolzen, lauwarm
1/2 TL Lebkuchengewürz
450 g Weizenmehl Type 550
1 1/2 TL Trockenhefe

Außerdem

25 g Korinthen
50 g Sultaninen
50 g Traubenrosinen
25 g Orangeat
25 g kandierte Kirschen, abgetropft, trockengetupft und grob gehackt
25 g geschälte Mandeln, gehackt
300 g Marzipan
Puderzucker zum Bestreuen

Wenn das Teigprogramm beendet ist, den Teig herausnehmen, auf eine leicht bemehlte Arbeitsfläche geben und 2 bis 3 Minuten durchkneten.

Den Teig in zwei Hälften teilen. Eine Hälfte zu einem Rechteck von etwa 28 cm x 18 cm ausrollen. Die Hälfte des Marzipans zu einer Rolle formen, die fast so lang wie das Teigstück ist. Die Marzipanrolle auf den Teig legen. Den Teig von der Längsseite her darüber klappen. Die Ränder vorsichtig zusammendrücken, so dass das Marzipan gut eingeschlossen ist. Den Teig auf ein leicht gefettetes und bemehltes Backblech legen. Das zweite Teigstück auf die gleiche Weise füllen und formen. Die Stollen mit einem feuchten Küchentuch abdecken und an einem warmen Ort gehen lassen.

Den Backofen auf 200 °C vorheizen. Wenn die Stollen ihre Größe fast verdoppelt haben, das Küchentuch entfernen und die Stollen 20 bis 25 Minuten backen. Sie sollten goldbraun und durchgebacken sein. Die Stollen auf ein Kuchengitter legen und abkühlen lassen. Nach Belieben vor dem Servieren mit Puderzucker bestreuen.

Stollenteig ausrollen

Gewürztes Teebrot

Schwarzen Tee dazugeben

Die ersten zehn Zutaten in der angegebenen Reihenfolge in den Backbehälter geben. Das Programm „Normal" starten.

Wenn das Programm es anzeigt, die Sultaninen dazugeben. Wenn das Programm beendet ist, das Brot herausnehmen und auf einem Kuchengitter abkühlen lassen.

Das Brot ist auch ohne Glasur köstlich, doch wenn Sie mögen, können Sie es mit einer Glasur aus Puderzucker, verrührt mit einigen Tropfen Wasser oder Zitronensaft, überziehen.

Zutaten

250 ml schwarzer Tee, lauwarm
1 Ei, verquirlt
1/2 TL Salz
2 EL Butter, geschmolzen, lauwarm
2 EL Zuckerrübensirup
1 EL Honig
2 TL Lebkuchengewürz
300 g Weizenmehl Type 550
150 g Vollkorn-Weizenmehl
1 TL Trockenhefe

Außerdem

75 g Sultaninen

Verquirltes Ei dazugeben

Cranberry-Korinthen-Zopf

Die ersten sieben Zutaten in der angegebenen Reihenfolge in den Backbehälter geben. Das Programm „Teig" starten.

Wenn der Teig fertig ist, ihn auf eine bemehlte Arbeitsfläche legen. Die Cranberrys und die Korinthen darunter kneten, bis sie gleichmäßig im Teig verteilt sind. Den Teig in drei gleich große Stücke teilen und jedes Stück zu einer etwa 30 cm langen Rolle formen. Diese drei Teigrollen zu einem Zopf flechten und die Enden zusammendrücken. Den Zopf auf ein leicht gefettetes Backblech legen, mit eingeölter Frischhaltefolie abdecken und an einem warmen Ort gehen lassen.

Den Backofen auf 200 °C vorheizen. Wenn der Zopf seine Größe fast verdoppelt hat, die Folie entfernen und den Zopf mit verquirltem Ei bestreichen. Den Zopf im Ofen in 20 bis 25 Minuten goldbraun backen.

Den Zopf auf ein Kuchengitter legen und vor dem Servieren abkühlen lassen.

Zutaten

250 ml Wasser, lauwarm
3 EL Honig
2 EL Butter, geschmolzen
1/2 TL Salz
340 g Weizenmehl Type 550
150 g Vollkorn-Weizenmehl
1 TL Trockenhefe

Außerdem

75 g getrocknete Cranberrys
75 g Korinthen
1 Ei, verquirlt, zum Bestreichen

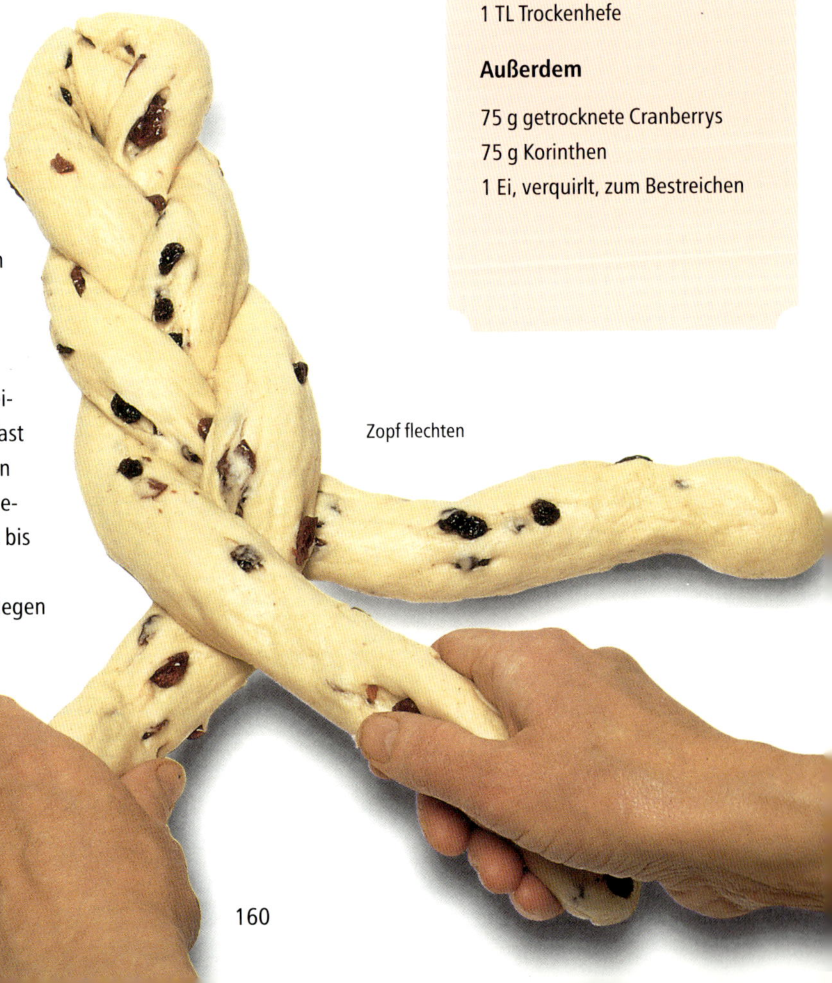

Zopf flechten

Panettone

Zitronenschale dazugeben

Die warme Milch und das warme Wasser in eine Rührschüssel geben. 1 Teelöffel Zucker, 2 Teelöffel Hefe und 150 g (ein Drittel) des Mehls dazugeben und alles verrühren. Die Schüssel mit Frischhaltefolie abdecken und den Vorteig an einem warmen Ort 1 bis 2 Stunden gehen lassen.

Wenn der Vorteig gegangen ist und sich viele Blasen gebildet haben, ihn in den Backbehälter gießen. Das restliche Weizenmehl, den restlichen Zucker, Salz, Eigelbe und Butter dazugeben. Das Programm „Teig" starten.

Wenn der Teig fertig ist, ihn auf eine leicht bemehlte Arbeitsfläche legen. Das Orangeat, das Zitronat, die Rosinen und die Zitronenschale darunter kneten, bis sich alles gleichmäßig verteilt hat. Den Teig in eine gut gefettete runde Kuchenform (ca. 18 cm Durchmesser) geben. Den Teig mit eingeölter Frischhaltefolie abdecken und an einem warmen Ort gehen lassen.

Den Backofen auf 220 °C vorheizen. Wenn der Teig gut aufgegangen ist, die Folie entfernen und die Teigoberfläche mit dem verquirlten Ei bestreichen.

Teig in die Form drücken

Den Panettone im Ofen 10 Minuten backen, dann die Backtemperatur auf 180 °C senken und 15 Minuten weiterbacken, bis der Panettone goldgelb und durchgebacken ist. Herausnehmen, auf ein Kuchengitter legen und abkühlen lassen.

Zutaten

125 ml Milch, lauwarm
125 ml Wasser, lauwarm
1 TL feiner Zucker
2 TL Trockenhefe
450 g Weizenmehl Type 550
2 EL Zucker
1 Prise Salz
2 Eigelb (Größe M)
75 g Butter, geschmolzen, lauwarm

Außerdem

50 g Orangeat und Zitronat, gemischt
100 g Traubenrosinen
fein geraspelte Schale von 1 Zitrone (unbehandelt)
1 Ei, verquirlt, zum Bestreichen

Challah

Geschmolzene Butter dazugeben

Die Safranfäden in eine kleine Schüssel geben, mit kochendem Wasser begießen und 10 Minuten ziehen lassen.

Die verquirlten Eier in eine andere Schüssel geben, den Safran mitsamt Wasser, den Honig, das lauwarme Wasser und die geschmolzene Butter dazugeben. Die Zutaten gut mischen. Die Mischung in den Backbehälter geben. Salz, Mehl und Hefe dazugeben. Das Programm „Teig" starten.

Den fertigen Teig auf eine leicht bemehlte Arbeitsfläche geben und 2 bis 3 Minuten kneten. (Er sollte sich weich und seidig anfühlen.) Den Teig in drei gleich große Stücke teilen. Jedes Teigstück zu einer 30 cm langen Rolle formen. Die Rollen zu einem Zopf flechten. Die Enden zusammendrücken und unter den Zopf stecken. Den Teig auf ein gefettetes Backblech legen, mit eingeölter Frischhaltefolie abdecken und an einem warmen Ort

Safranfäden einweichen

gehen lassen. Den Backofen auf 220 °C vorheizen. Wenn der Teig sein Volumen fast verdoppelt hat, die Folie entfernen und die Teigoberfläche mit verquirltem Ei bestreichen. Das Brot im Ofen in 20 bis 25 Minuten goldbraun backen. Das Brot auf ein Kuchengitter legen und vor dem Servieren abkühlen lassen.

Zutaten

1 Prise Safranfäden
1 EL Wasser, kochend
2 Eier (Größe M), verquirlt
3 EL Honig
150 ml Wasser, lauwarm
75 g Butter, geschmolzen
1 TL Salz
525 g Weizenmehl Type 550
1 1/2 TL Trockenhefe

Außerdem

1 Ei, verquirlt, zum Bestreichen

Orangen-Mandel-Brot

Gemahlene Mandeln dazugeben

Zutaten

250 ml Milch,
21 °C bis 28 °C warm
1 Ei (Größe M), verquirlt
60 g Butter, geschmolzen
75 g feiner Zucker
1/2 TL Salz
450 g Weizenmehl Type 550
150 g gemahlene Mandeln
feine Schalenstreifen von
1 Orange (unbehandelt)
1 1/2 TL Trockenhefe

Die Zutaten in der angegebenen Reihenfolge in den Backbehälter geben. Das Programm „Normal" starten.

Wenn das Programm beendet ist, das Brot herausnehmen und auf einem Kuchengitter abkühlen lassen.

Orangenschalen dazugeben

Orangen und Mandeln ergänzen sich bestens und werden häufig in der Küche des Mittleren Ostens zusammen verwendet. Dies ist ein herrliches Brot für die Kaffeezeit am Nachmittag. Einfach mit ein wenig Butter und Marmelade bestreichen.

Wenn ein paar Scheiben übrig bleiben, lassen Sie sie in einer Mischung aus verschlagenem Ei und Milch quellen. Dann braten Sie sie von beiden Seiten goldbraun und servieren Sie sie mit Zucker bestreut warm.

Schokoladen-brot

Kakaopulver sieben

Zutaten

415 g Weizenmehl Type 550
60 g Kakaopulver
1 TL Zimtpulver
250 ml Milch, 21 °C bis 28 °C warm
1 Ei (Größe M), verquirlt
1 EL Butter, geschmolzen
4 EL Honig
1/2 TL Salz
1 TL Trockenhefe

Das Mehl, den Kakao und den Zimt in eine Schüssel sieben. Die restlichen Zutaten in der angegebenen Reihenfolge in den Backbehälter geben, wobei die Mehlmischung nach dem Salz und vor der Hefe dazuzugeben ist. Das Programm „Normal" starten.

Wenn das Programm beendet ist, das Brot auf ein Kuchengitter legen und abkühlen lassen. Das dunkle Schokoladenbrot schmeckt köstlich mit Butter bestrichen. Wer mag, kann seine Lieblingsmarmelade darauf streichen.

Die Zugabe von Zimt verstärkt das Schokoladenaroma, ohne das Brot zu süßen. Anstelle des Zimts können Sie auch fein gemahlenes Kaffeepulver verwenden. Das Brot bekommt dann mehr ein Mokka-Aroma.

Malzbrot

Zuckerrübensirup dazugeben

In einer Rührschüssel Ei und Milch verquirlen, dann in den Backbehälter gießen und alle übrigen Zutaten bis auf die Sultaninen dazugeben. Das Programm „Normal" starten. Wenn das Programm es anzeigt, die Sultaninen dazugeben. Wenn das Programm beendet ist, das Brot auf ein Kuchengitter legen und vor dem Servieren 20 Minuten abkühlen lassen.

Dieses dunkle, süße Brot schmeckt mit Butter bestrichen köstlich. Die Krume ist nicht so feucht und schwer wie bei kommerziell gefertigten Malzbroten. Es ist mit Honig, Zuckerrübensirup und Malz gesüßt. Deshalb genügt es, einfach ein wenig Butter darauf zu streichen.

Zutaten

1 Ei, verquirlt
125 ml Milch,
21 °C bis 28 °C warm
125 ml Wasser, lauwarm
1 EL Honig
2 EL Malzextrakt
1 EL Zuckerrübensirup
1/2 TL Salz
450 g Weizenmehl Type 550
1 TL Trockenhefe

Außerdem

75 g Sultaninen

Karamell-Apfel-Rolle

Füllung auf den Teig geben

Die ersten sieben Zutaten in der angegebenen Reihenfolge in den Backbehälter geben. Das Programm „Teig" starten.

Die gehackten Äpfel mit der Butter und dem Zucker in einer Rührschüssel mischen und beiseite stellen. Wenn der Teig fertig ist, ihn auf eine bemehlte Arbeitsfläche geben und kurz durchkneten. Den Teig mit einem Teigroller zu einem Rechteck von etwa 51 cm x 25 cm ausrollen. Die Apfel-Butter-Mischung darauf verteilen, dabei einen 2,5 cm breiten Rand frei lassen. Die Füllung gleichmäßig mit Zimt bestreuen.

Den Teig von der langen Seite her aufrollen, die Rolle durch Andrücken des Teigs verschließen und auch die Enden gut zusammendrücken. Das Brot vorsichtig auf ein leicht geöltes und bemehltes Backblech legen, mit eingeölter Frischhaltefolie bedecken und an einem warmen Ort 35 Minuten gehen lassen. Es sollte dabei fast zur doppelten Größe aufgehen.

Den Backofen auf 200 °C vorheizen. Das Brot mit einem scharfen, angefeuchteten Messer in regelmäßigen Abständen quer einschneiden. Das Brot im Ofen etwa 25 Minuten backen, es sollte dann goldbraun und durchgebacken sein.

In der Zwischenzeit die Milch und den Zucker vorsichtig in einem kleinen Topf erhitzen und den Zucker schmelzen lassen. Das Ganze 1 Minute kochen lassen, dann vom Herd nehmen.

Wenn das Brot fertig ist, es auf ein Kuchengitter legen, nach Belieben mit der Milch-Zucker-Mischung bestreichen und ein wenig abkühlen lassen. Dieses Brot schmeckt warm und kalt.

Zutaten

125 ml Wasser, lauwarm
125 ml Milch, lauwarm
1 EL brauner Zucker
1 TL Salz
45 g Butter, geschmolzen, lauwarm
485 g Weizenmehl Type 550
1 TL Trockenhefe

Außerdem

4 Äpfel, geschält, entkernt und gehackt
25 g Butter, geschmolzen, lauwarm
50 g brauner Zucker
2 TL Zimtpulver
3 EL Milch
1 EL Zucker

Brötchen, Snacks und Kleingebäck

Koriander-Reis-Naan

Die ersten sieben Zutaten in der angegebenen Reihenfolge in den Backbehälter geben. Das Programm „Teig" starten.

Den Reis, das Koriandergrün und die geschmolzene Butter mischen, nach Belieben mit Salz und Pfeffer würzen.

Wenn das entsprechende Signal ertönt, die Reis-Butter-Koriander-Mischung dazugeben. Wenn das Teigprogramm beendet ist, den Teig herausnehmen.

Den Teig kurz durchkneten und in 9 gleich große Stücke teilen. Jedes Stück mit bemehlten Händen zu einem großen, flachen, tropfenförmigen Fladen ausziehen. Die Fladen 10 Minuten ruhen lassen. Eine schwere Bratpfanne bei mittlerer Hitze erwärmen. Die Naan-Brote portionsweise 4 bis 5 Minuten in der Pfanne backen, dabei einmal wenden. Die Fladenbrote warm servieren oder nach dem Abkühlen in Alufolie wickeln und bei Bedarf im Backofen wieder erhitzen.

Zutaten

250 ml Wasser, lauwarm
2 EL Magermilchpulver
1 EL Honig
1 TL gemahlener Kreuzkümmel
1 TL Salz
450 g Weizenmehl Type 550
1 TL Trockenhefe

Außerdem

300 g gekochter Basmati-Reis, abgekühlt (100 g Trockenprodukt)
3 EL frisch gehacktes Koriandergrün
2 EL Butter, geschmolzen
Salz
frisch gemahlener schwarzer Pfeffer

Fladen ausrollen

Muffins

Muffins ausstechen

Zutaten

250 ml Wasser, lauwarm
2 EL Magermilchpulver
2 TL Honig
45 g Butter, geschmolzen
1/2 TL Salz
485 g Weizenmehl Type 550
1 TL Trockenhefe

Außerdem

feines Maismehl

Die ersten sieben Zutaten in der angegebenen Reihenfolge in den Backbehälter geben. Das Programm „Teig" starten.

Wenn das Teigprogramm beendet ist, den Teig herausnehmen und auf einer leicht bemehlten Arbeitsfläche 2 bis 3 Minuten kneten.

Den Teig mit einem Teigroller gut 1 cm dick ausrollen. Mit einer runden Ausstechform (10 cm Durchmesser) Teigplätzchen ausstechen. Den restlichen Teig wieder zusammenkneten und erneut ausrollen und ausstechen. Die Muffins mit Maismehl bestreuen und 10 Minuten ruhen lassen. Eine schwere Bratpfanne (vorzugsweise aus Gusseisen) bei mittlerer Hitzezufuhr erwärmen. Die Muffins darin portionsweise je 7 Minuten backen. Dabei nach der Hälfte der Zeit wenden. Die fertigen Muffins aufschneiden und sofort zusammen mit Butter servieren. Alternativ auf einem Kuchengitter abkühlen lassen und vor dem Servieren aufschneiden und toasten.

Teeküchlein

Pfannkuchen wenden

Zutaten

125 ml Wasser, lauwarm
125 ml Milch, lauwarm
1 Ei, verquirlt
1 TL feiner Zucker
1/2 TL Salz
185 g Weizenmehl Type 550
1 TL Trockenhefe

Alle Zutaten in der angegebenen Reihenfolge in den Backbehälter geben. Das Programm „Teig" starten.

Wenn das Programm beendet ist, den Backbehälter herausnehmen. Eine schwere Bratpfanne bei mittlerer Hitzezufuhr erhitzen. Sobald sie heiß ist, einen Esslöffel von dem flüssigen Teig hineingeben, es entsteht ein kleiner Pfannkuchen. Sobald die Oberfläche fest geworden ist, den Pfannkuchen mit einem Bratenwender umdrehen. Weitere 1 bis 2 Minuten backen, bis der Pfannkuchen leicht gebräunt ist.

Auf diese Art auch die restlichen Pfannkuchen ausbacken. Die Pfannkuchen mit Butter bestreichen und warm servieren oder abkühlen lassen und später unter dem Grill wieder erwärmen.

Honig-Thymian-Knoten

Teigrolle knoten

Die ersten acht Zutaten in der angegebenen Reihenfolge in den Backbehälter geben. Das Programm „Teig" starten.

Wenn das Teigprogramm beendet ist, den Teig herausnehmen und auf einer leicht bemehlten Arbeitsfläche 2 bis 3 Minuten kneten. Den Teig in 9 gleich große Stücke teilen. Jedes Teigstück zu einer etwa 20 cm langen Rolle formen. In jede Rolle einen Knoten machen, die Knoten auf ein leicht geöltes und bemehltes Backblech legen, locker mit eingeölter Frischhaltefolie bedecken und an einem warmen Ort gehen lassen.

Den Backofen auf 200 °C vorheizen. Wenn die Knoten fast doppelt so groß geworden sind, die Folie entfernen und die Teigstücke mit Thymianblättchen bestreuen. Die Knoten etwa 20 Minuten backen, sie sollten dann goldbraun geworden sein. Die Knoten auf einem Kuchengitter abkühlen lassen.

Zutaten

250 ml Wasser, lauwarm
1 TL Salz
3 EL Honig
2 EL Sonnenblumenöl
2 EL frische Thymianblättchen
450 g Weizenmehl Type 550
35 g Weizenkeime
1 1/2 TL Trockenhefe

Außerdem

2 EL Honig
1 EL frische Thymianblättchen

Pancetta-Pesto-Rollen

Rollen mit Pancetta umwickeln

Die ersten sechs Zutaten in der angegebenen Reihenfolge in den Backbehälter geben. Das Programm „Teig" starten.

Wenn das Teigprogramm beendet ist, den Teig herausnehmen und auf einer leicht bemehlten Arbeitsfläche 2 bis 3 Minuten kneten. Den Teig mit einem leicht bemehlten Teigroller zu einem Rechteck von etwa 50 cm x 15 cm ausrollen. Das Teigstück mit Pesto bestreichen und von der langen Seite her aufrollen. Die Ränder zusammendrücken und die Rolle verschließen. Die Rolle mit einem scharfen Messer in 8 gleich große Stücke schneiden und diese locker mit je einer Scheibe Pancetta umwickeln. Die Rollen auf ein leicht geöltes Backblech legen, mit eingeölter Frischhaltefolie abdecken und an einem warmen Ort gehen lassen.

Den Backofen auf 200 °C vorheizen. Wenn die Rollen fast doppelt so groß geworden sind, die Folie entfernen und die Rollen etwa 15 Minuten im Ofen backen. Sie sollten dann goldbraun sein, der Speck knusprig. Die Rollen auf ein Kuchengitter legen und abkühlen lassen. Die Rollen sollten noch am selben Tag verzehrt werden.

Zutaten

125 ml Wasser, lauwarm
1/2 TL Salz
1 TL Honig
1 EL Olivenöl
265 g Weizenmehl Type 550
1/2 TL Trockenhefe

Außerdem

3 EL Pesto guter Qualität
8 dünne Scheiben Pancetta (luftgetrockneter Bauchspeck)

Hundeknochen

Plätzchen ausstechen

Zutaten

250 ml Geflügelbrühe,
21 °C bis 28 °C warm
2 EL Magermilchpulver
2 EL Olivenöl
1/2 TL Salz
1 Ei, verquirlt
300 g Weizenmehl Type 550
225 g Vollkorn-Weizenmehl
1 TL Trockenhefe

Alle Zutaten in der angegebenen Reihenfolge in den Backbehälter geben. Das Programm „Teig" starten. Wenn das Teigprogramm beendet ist, den Teig herausnehmen und auf einer leicht bemehlten Arbeitsfläche kurz durchkneten. Den Teig mit einem leicht bemehlten Teigroller gut 1 cm dick ausrollen. Mit einem Ausstecher in Knochenform oder einer anderen Form Ihrer Wahl Plätzchen ausstechen und sie auf ein leicht bemehltes Backblech legen. Teigreste wieder verkneten, erneut ausrollen und ausstechen, bis der gesamte Teig aufgebraucht ist. Die Plätzchen 20 Minuten auf dem Blech ruhen lassen.

Den Backofen auf 200 °C vorheizen. Die Plätzchen im Ofen 10 Minuten backen, dann die Temperatur auf 150 °C senken und die Plätzchen 10 bis 15 Minuten weiterbacken. Die Backzeit kann je nach Größe der Plätzchen variieren. Die fertigen Plätzchen sollten goldbraun und knusprig sein und beim Anklopfen hohl klingen. Die Plätzchen auf ein Kuchengitter legen und abkühlen lassen. Vollständig abgekühlt, können sie luftdicht verschlossen aufbewahrt werden.

Dänische Plunderstückchen

Zutaten

250 ml Wasser, lauwarm
3 EL Magermilchpulver
2 Eier, verquirlt
2 EL feiner Zucker
1/2 TL Salz
525 g Weizenmehl Type 550
1 TL Trockenhefe

Außerdem

250 g Butter
250 g Aprikosenhälften (Dose), abgetropft
1 Ei, verquirlt
50 g Puderzucker
25 g Mandelblättchen, geröstet

Die ersten sieben Zutaten in der angegebenen Reihenfolge in den Backbehälter geben. Das Programm „Teig" starten.

Die Butter zwischen zwei Lagen Butterbrotpapier legen und mit einem Teigroller zu einem gut 1 cm dicken Quadrat ausrollen. Abdecken und kühl stellen.

Wenn das Teigprogramm beendet ist, den Teig herausnehmen und auf einer leicht bemehlten Arbeitsfläche kurz durchkneten. Den Teig ausrollen, er sollte 2 cm breiter als das Butterstück und eineinhalb mal so lang sein. Die gekühlte Butter auspacken und so auf den Teig legen, dass an drei Seiten ein schmaler Rand frei bleibt und das von Ihnen aus gesehen, obere Drittel des Teiges nicht mit Butter bedeckt ist. Dieses unbedeckte Teigdrittel über die Hälfte mit der Butter falten. Dann das letzte, untere Teigdrittel (mit Butter) darüber falten. (Sie haben den Teig nun in drei Lagen – wie einen Brief – gefaltet.) Die Teigränder mit dem Teigroller zusammendrücken. Dann den Teig um eine Vierteldrehung nach links drehen (die Sei-

Plunderstückchen formen – Schritt 1

te ohne Naht sollte immer links sein). Dann das Ausrollen und Falten noch einmal wiederholen. Den Teig auf eine leicht bemehlte Platte legen, mit Frischhaltefolie abdecken und 30 Minuten kühlen. Dann das Ausrollen und Falten noch zwei Mal wiederholen und den Teig wieder für 30 Minuten kühl stellen.

Den Teig etwa 1/2 cm dick ausrollen, die Kanten zurechtschneiden und den Teig in etwa 10 cm große Quadrate schneiden. Eine abgetropfte Aprikosenhälfte mit der Schnittfläche nach unten in die Mitte legen. Dann den Teig in Form schneiden.

Für ein Windrad: Die Teigstücke mit einem scharfen Messer von den Ecken zu der Aprikose hin einschneiden. Dann mit verquirltem Ei bestreichen. Jede zweite Ecke nach innen über die Aprikose falten und die Teigränder gut zusammendrücken. Die anderen Stücke auf die gleiche Weise formen.

Für eine Raute: Mit der Spitze eines scharfen Messers den Teig an zwei Seiten etwa 1,3 cm von den Teigrändern entfernt einschneiden. Darauf achten, dass man etwa 1,3 cm von den Ecken entfernt ist. Dann auf den anderen zwei Seiten auf die gleiche Weise einschneiden. (Vor Ihnen liegt nun ein quadratischer Rahmen mit einem Quadrat in der Mitte, das aber noch an zwei Ecken mit dem äußeren Rahmen verbunden ist.) Mit verquirltem Ei bestreichen. Nun eine Ecke anheben und über die Aprikose auf das gegenüberliegende Eck des inneren Quadrats falten. Die andere Ecke auf die gleiche Weise über die Aprikose falten. Die anderen Teilchen auf die gleiche Weise zubereiten.

Die Teilchen mit ausreichend Abstand auf ein leicht gefettetes und bemehltes Backblech legen. Mit einem feuchten Küchentuch abdecken und bei Zimmertemperatur 45 Minuten gehen lassen. (Nicht an einem zu warmen Ort gehen lassen, der Teig könnte verderben.)

Den Backofen auf 200 °C vorheizen. Das Küchentuch entfernen, die Teilchen mit Ei bestreichen, in den Ofen geben und 15 bis 20 Minuten backen. Sie sollten dann goldbraun und knusprig sein. Die Teilchen auf ein Kuchengitter legen und abkühlen lassen. Den Puderzucker in eine kleine Rührschüssel sieben, mit so viel heißem Wasser verrühren, dass eine dünne Glasur entsteht. Wenn die Teilchen abgekühlt sind, die Glasur mit einem Spritzbeutel über diese geben und mit Mandeln bestreuen.

Plunderstückchen formen – Schritt 2

Plunderstückchen glasieren – Schritt 3

Rosinenschnecken

Die ersten sieben Zutaten in der angegebenen Reihenfolge in den Backbehälter geben. Das Programm „Teig" starten.

Die Butter zwischen zwei Lagen Butterbrotpapier legen und mit einem Teigroller zu einem 1 cm dicken Quadrat ausrollen. Abdecken und kühl stellen.

Wenn das Teigprogramm beendet ist, den Teig herausnehmen und auf einer leicht bemehlten Arbeitsfläche kurz durchkneten. Den Teig ausrollen, er sollte 2 cm breiter als das Butterstück und eineinhalb mal so lang sein. Die gekühlte Butter auspacken und so auf den Teig legen, dass an drei Seiten ein schmaler Rand frei bleibt und das von Ihnen aus gesehene obere Drittel des Teiges nicht mit Butter bedeckt ist. Dieses unbedeckte Teigdrittel über die Hälfte mit der Butter falten. Dann das letzte, untere Teigdrittel (mit Butter) darüber falten. (Sie haben den Teig nun in drei Lagen – wie einen Brief – gefaltet.) Die Teigränder mit dem Teigroller zusammendrücken. Dann den Teig um eine Vierteldrehung nach links drehen (die Seite ohne Naht sollte immer links sein). Dann das Ausrollen und Falten noch einmal wiederholen. Den Teig auf eine leicht bemehlte Platte legen, mit Frischhaltefolie abdecken und 30 Minuten kühlen. Dann das Ausrollen und Falten noch zwei Mal wiederholen und den Teig wieder für 30 Minuten kühl stellen.

Den Teig zu einem Rechteck von etwa 56 cm x 25 cm ausrollen. Mit Rosinen und Zucker bestreuen, dann von der langen Seite her aufrollen. Die Enden zusammendrücken. Die Rolle mit einem Faden im Abstand von etwa 1,5 cm in Scheiben schneiden. Die Scheibe mit der Schnittfläche nach

Zutaten

175 ml Wasser, lauwarm
45 g Butter, geschmolzen und abgekühlt
2 Eier, verquirlt
1 EL Honig
1 TL Salz
450 g Weizenmehl Type 550
1 TL Trockenhefe

Außerdem

250 g Butter
200 g Traubenrosinen
2 EL feiner Zucker
4 EL Aprikosenkonfitüre
1 EL Wasser

Rosinen einrollen

oben auf ein leicht gefettetes und bemehltes Backblech legen. Die restlichen Scheiben ebenso schneiden. Die Scheiben mit einem feuchten Küchentuch bedecken und bei Zimmertemperatur gehen lassen.

Den Backofen auf 200 °C vorheizen. Für die Aprikosenglasur die Aprikosenkonfitüre zusammen mit 1 Esslöffel Wasser in einen Topf geben und vorsichtig unter Rühren erhitzen. Sobald sich beide Zutaten gut verbunden haben, den Topf vom Herd nehmen und die Glasur durch ein Sieb in eine Schüssel streichen. Beiseite stellen.

Wenn die Rosinenschnecken sich um die Hälfte ihres Volumens vergrößert haben, das Küchentuch entfernen und die Schnecken 15 bis 20 Minuten backen. Sie sollten dann goldgelb und knusprig sein. Aus dem Ofen nehmen, auf ein Kuchengitter legen und sofort mit der Glasur bestreichen. Die Schnecken abkühlen lassen.

Rosinenschnecken schmecken frisch gebacken am besten. Bleiben welche übrig, backen Sie sie am nächsten Tag 5 Minuten im Ofen auf.

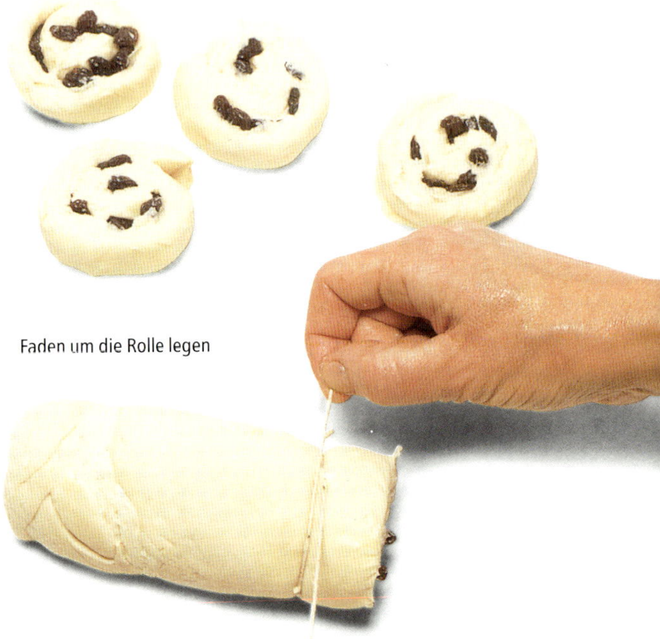

Faden um die Rolle legen

Faden zusammenziehen und den Teig schneiden

Kirsch-Vanille-Taschen

Die ersten sieben Zutaten in der angegebenen Reihenfolge in den Backbehälter geben. Das Programm „Teig" starten.

Die Butter zwischen zwei Lagen Butterbrotpapier legen und mit einem Teigroller zu einem 1 cm dicken Quadrat ausrollen. Abdecken und kühl stellen. Wenn das Teigprogramm beendet ist, den Teig herausnehmen und auf einer leicht bemehlten Arbeitsfläche kurz durchkneten. Den Teig ausrollen, er sollte 2 cm breiter als das Butterstück und eineinhalb mal so lang sein. Die gekühlte Butter auspacken und so auf den Teig legen, dass an drei Seiten ein schmaler Rand frei bleibt und das von Ihnen aus gesehene obere Drittel des Teiges nicht mit Butter bedeckt ist. Dieses unbedeckte Teigdrittel über die Hälfte mit der Butter falten. Dann das letzte,

Zutaten

250 ml Wasser, lauwarm
3 EL Magermilchpulver
2 Eier, verquirlt
2 EL feiner Zucker
1/2 TL Salz
525 g Weizenmehl Type 550
1 TL Trockenhefe

Außerdem

250 g Butter
250 g Kirschen (aus dem Glas), entsteint und abgetropft
300 ml Vanillepudding (Fertigprodukt)
1 Ei, verquirlt
Puderzucker zum Bestäuben

untere Teigdrittel (mit Butter) darüber falten. (Sie haben den Teig nun in drei Lagen – wie einen Brief – gefaltet.) Die Teigränder mit dem Teigroller zusammendrücken. Dann den Teig um eine Vierteldrehung nach links drehen (die Seite ohne Naht sollte immer links sein). Das Ausrollen und Falten noch einmal wiederholen. Den Teig auf eine leicht bemehlte Platte legen, mit Frischhaltefolie abdecken und 30 Minuten kühlen. Dann das Ausrollen und Falten noch zwei Mal wiederholen und den Teig wieder für 30 Minuten kühl stellen.

Nun den Teig etwa 1/2 cm dick ausrollen, die Ränder gerade schneiden. Den Teig mit einem scharfen Messer in Rechtecke von 10 cm x 15 cm schneiden. Die Kirschen und den Vanillepudding auf den Teigstücken verteilen, dabei einen Rand von gut 1 cm frei lassen. Die Ränder mit ein wenig verquirltem Ei bestreichen, dann den Teig zusammenklappen, so dass die Füllung gut eingeschlossen ist. Die Ränder fest zusammendrücken.

Die Taschen auf ein leicht gefettetes und bemehltes Backblech (oder auf mehrere Backbleche) legen, dabei genügend Abstand zwischen den Teilchen lassen, denn sie gehen noch auf.

Die Taschen locker mit eingeölter Frischhaltefolie abdecken und bei Zimmertemperatur 30 Minuten gehen lassen.

Den Backofen auf 200 °C vorheizen. Die Folie entfernen und die Taschen mit verquirltem Ei bestreichen. Im Ofen 15 bis 20 Minuten backen, die Taschen sollten dann goldbraun und knusprig sein. Zum Schluss mit Puderzucker bestäuben. Die Taschen können warm und kalt gegessen werden.

Käse-Zwiebel-Brötchenrad

Cayennepfeffer dazugeben

Zutaten

250 ml Wasser, lauwarm
1 EL Magermilchpulver
1 TL Salz
1 EL feiner Zucker
1 EL Sonnenblumenöl
1/2 TL getrockneter Thymian
1/2 TL getrockneter Oregano
1/4 TL Cayennepfeffer
485 g Weizenmehl Type 550
1 TL Trockenhefe

Außerdem

1 kleine Zwiebel, geschält und sehr fein gehackt
125 g alter Gouda, geraspelt
Milch zum Bestreichen

Die ersten zehn Zutaten in der angegebenen Reihenfolge in den Backbehälter geben. Das Programm „Teig" starten.

Wenn das entsprechende Signal ertönt, die Zwiebeln und 100 g von dem Käse dazugeben. Wenn das Teigprogramm beendet ist, den Teig auf eine gut bemehlte Arbeitsfläche geben und kurz durchkneten. (Falls er sehr feucht ist, ein bisschen zusätzliches Mehl darunter kneten.) Den Teig in 7 gleich große Stücke teilen. Jedes Stück zu einer Kugel rollen.

Käse dazugeben

Sechs Kugeln an den Rand einer runden Kuchenform (ca. 20 cm Durchmesser) setzen. Die letzte Kugel kommt in die Mitte. Das Brötchenrad mit eingeölter Frischhaltefolie abdecken und 45 Minuten gehen lassen. Es sollte sein Volumen dann fast verdoppelt haben. Den Backofen auf 200 °C vorheizen. Die Teigoberfläche mit ein wenig Milch bestreichen, den restlichen Käse darauf streuen.

Das Brötchenrad im Ofen in 25 bis 30 Minuten goldbraun backen und vor dem Servieren 20 Minuten abkühlen lassen.

Berliner Ballen

Zutaten

155 ml Wasser, lauwarm
3 EL Magermilchpulver
60 g Butter, geschmolzen, lauwarm
1 Ei, verquirlt
1/2 TL Salz
2 EL feiner Zucker
450 g Weizenmehl Type 550
1 1/2 TL Trockenhefe

Außerdem

Öl zum Frittieren
feiner Zucker zum Überziehen
150 ml Schokoladenpudding oder Konfitüre nach Wahl

Die ersten acht Zutaten in der angegebenen Reihenfolge in den Backbehälter geben. Das Programm „Teig" starten.

Wenn das Teigprogramm beendet ist, den Teig auf eine bemehlte Arbeitsfläche geben und kurz durchkneten. Dann den Teig in 9 gleich große Stücke teilen. Jedes Stück zu einer Kugel formen und auf ein leicht bemehltes Backblech legen. Die Kugeln locker mit einem Stück eingeölter Frischhaltefolie abdecken und an einem warmen Ort 30 Minuten gehen lassen. Das Öl in einer Fritteuse auf 180 °C erhitzen. Die Berliner portionsweise darin von jeder Seite 2 Minuten frittieren. Sie sollten dann goldbraun und knusprig sein.

Die Berliner auf Küchenpapier abtropfen lassen, dann in Zucker wälzen. Zum Schluss mit einem Ess-Stäbchen oder einer dicken Spritztülle in jeden Ballen (auch Doughnut genannt) ein Loch stechen. (Nicht durchstechen!) Den Schokoladenpudding oder die Konfitüre in die Berliner füllen.

Berliner füllen

Türkische Pizza

Die ersten sechs Zutaten in der angegebenen Reihenfolge in den Backbehälter geben. Das Programm „Teig" starten. In einer Pfanne das Öl erhitzen und die Zwiebel darin dünsten. Dann das Chilipulver und den Kreuzkümmel dazugeben und 1 Minute weiterdünsten. Nun das Hackfleisch dazugeben und unter Rühren krümelig braten. Wenn das Fleisch überall gut braun gebraten ist, die gehackten Tomaten dazugeben. Die Mischung bei geringer Hitzezufuhr köcheln und eindicken lassen.

Die Pfanne vom Herd nehmen. Koriander darunter rühren und nach Belieben würzen. Die Mischung abkühlen lassen.

Den Backofen auf 200 °C vorheizen. Wenn der Teig fertig ist, ihn auf eine leicht bemehlte Arbeitsfläche geben und 2 Minuten kneten. Den Teig in 8 gleich große Stücke teilen und jedes Stück zu einer Kugel formen. Mit einem leicht bemehlten Teigroller jede Kugel zu einem etwa 30 cm großen, sehr dünnen Fladen ausrollen. Die Fleischmischung darauf verteilen, dünn verstreichen, aber einen etwa 1,5 cm breiten Rand frei lassen.

Die Fladen auf leicht bemehlte Backbleche legen und – ggf. nacheinander – im Ofen 6 bis 8 Minuten ba-cken. Die Ränder sollten dann begin-nen, goldbraun zu werden.

Türkische Pizza (Lahmacun) kann heiß oder kalt serviert werden. Der Fladen wird oft aufgerollt und dann aus der Hand gegessen.

Zutaten

250 ml Wasser, lauwarm
2 EL Olivenöl
1 TL Salz
2 TL Honig
450 g Weizenmehl Type 550
1 TL Trockenhefe

Außerdem

1 EL Olivenöl
1 kleine Zwiebel, fein gehackt
1 TL mildes Chilipulver
1 TL gemahlener Kreuzkümmel
200 g Rinderhackfleisch
200 g gehackte Tomaten (Dose)
2 EL frisch gehacktes Koriandergrün
Salz und Pfeffer nach Belieben

Teig ausrollen

Käse-Speck-Stangen

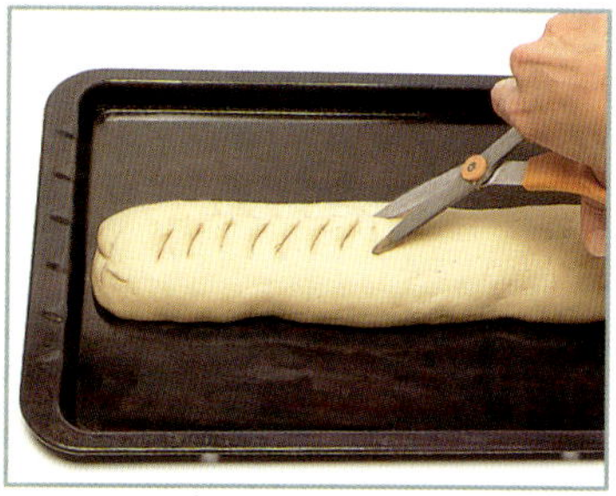

Brot einschneiden

Die ersten sieben Zutaten in der angegebenen Reihenfolge in den Backbehälter geben. Das Programm „Teig" starten.

Wenn der Teig fertig ist, ihn auf eine bemehlte Arbeitsfläche legen und kurz durchkneten. Mit einem leicht bemehlten Teigroller den Teig zu einem Rechteck von etwa 50 cm x 25 cm ausrollen. Den Frühstücksspeck in kleine Stücke reißen und auf den Teig streuen. Dann mit geriebenem Käse bestreuen.

Den Teig von der Längsseite her aufrollen. Die Ränder zusammendrücken und fest verschließen. Die Rolle mittig halbieren und die beiden Rollen auf ein leicht gefettetes und bemehltes Backblech legen. Locker mit einem feuchten Küchentuch abdecken. Die Brote an einem warmen Ort gehen lassen.

Den Backofen auf 200 °C vorheizen. Wenn die Brote ihr Volumen fast verdoppelt haben, das Küchentuch entfernen. Die Oberfläche der Brote mit einer Schere mehrmals einschneiden. Die Brote im Ofen 15 bis 20 Minuten backen, sie sollten dann goldbraun und knusprig sein. Die Brote auf ein Kuchengitter legen und 10 Minuten abkühlen lassen. Aufschneiden und sofort servieren.

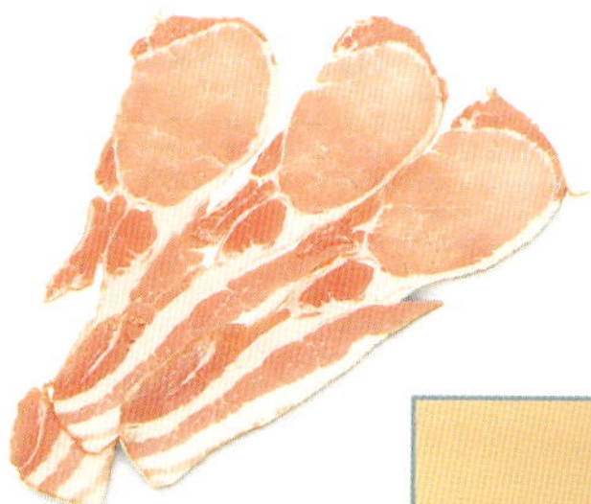

Zutaten

175 ml Wasser, lauwarm
2 EL Magermilchpulver
1 EL Sonnenblumenöl
1 TL feiner Zucker
1/2 TL Salz
415 g Weizenmehl Type 550
1 TL Trockenhefe

Außerdem

6 Scheiben geräucherter Frühstücksspeck, knusprig gebraten
100 g würziger Käse (z. B. Mimolette), geraspelt

Maisbrot

Gemüsemais dazugeben

Die ersten acht Zutaten in der angegebenen Reihenfolge in den Backbehälter geben. Das Programm „Teig" starten.

Wenn das Signal ertönt, den Gemüsemais und das Chilipulver dazugeben. Wenn das Teigprogramm beendet ist, den Teig auf eine bemehlte Arbeitsfläche legen und 2 bis 3 Minuten durchkneten. Sie brauchen nun 8 leere 425-ml-Dosen. Die Dosen gut säubern und gründlich einölen. Den Teig auf die 8 Dosen verteilen. Dabei auf die scharfen Ränder achten!
Die Dosen mit eingeölter Frischhaltefolie abdecken und die Teige aufgehen lassen, bis sie ihr Volumen fast verdoppelt haben.

Den Backofen auf 200 °C vorheizen. Die Folie entfernen, die Dosen in den Ofen stellen und die Brote in etwa 20 Minuten goldbraun backen. Nach dem Backen die Brote noch etwa 5 Minten in den Dosen ruhen lassen, bevor sie vorsichtig herausgenommen werden, um auf einem Kuchengitter auszukühlen.

Hinweis: Dieses Brot kann auch ganz im Brotbackautomaten zubereitet werden. Wenn Sie dies vorziehen, wählen Sie das Programm „Normal". Ich habe Dosen verwendet, weil dies eine traditionelle Methode für das Backen von Maisbroten ist.

Zutaten

250 ml Wasser, lauwarm
1 EL Sonnenblumenöl
125 ml Buttermilch
1 TL Honig
1 TL Salz
450 g Weizenmehl Type 550
150 g feines Maismehl
1 TL Trockenhefe

Außerdem

75 g Gemüsemais (Dose), gut abgetropft
1/2 TL Chilipulver

Links: Maisbrot, in der Dose gebacken

Rechts: Maisbrot, im Brotbackautomaten auf Stufe „Normal" gebacken

Wursttaschen

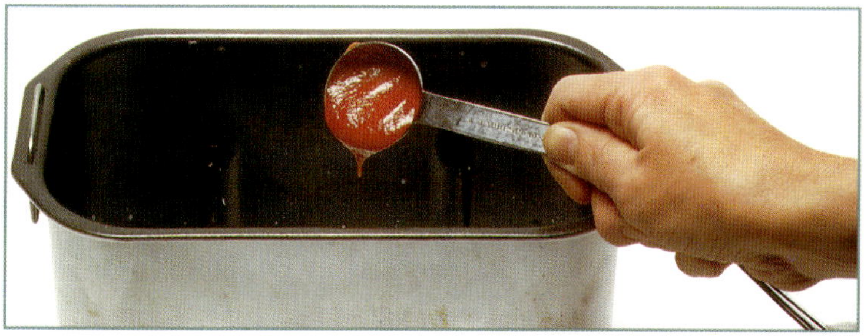

Tomatenketchup dazugeben

Zutaten

175 ml Wasser, lauwarm
1 EL Sonnenblumenöl
3 EL Tomatenketchup
1 TL Salz
3 EL feines Maismehl
450 g Weizenmehl Type 550
1 TL Trockenhefe

Außerdem

2 EL Sonnenblumenöl
1 große Zwiebel, geschält und dünn geschnitten
8 feine Bratwürstchen
Senf

Die ersten sieben Zutaten in der angegebenen Reihenfolge in den Backbehälter geben. Das Programm „Teig" starten.

In einer großen Pfanne das Sonnenblumenöl erhitzen und die Zwiebelscheiben darin dünsten, bis sie glasig sind und beginnen goldbraun zu werden. Die Zwiebeln mit einem Sieblöffel aus der Pfanne nehmen und zum Abkühlen beiseite stellen. Nun die Würstchen in derselben Pfanne braten. Wenn sie gar sind, aus der Pfanne nehmen, beiseite stellen und abkühlen lassen.

Wenn der Teig fertig ist, wird er auf einer bemehlten Arbeitsfläche kurz durchgeknetet. Den Teig in 8 gleich große Stücke teilen. Ein Stück nehmen und zu einem Fladen formen, der groß genug ist, die Wurst zu umhüllen. Ein wenig Senf in die Mitte des Teigstücks geben, ein Achtel der Zwiebeln zufügen und die Wurst darauf legen. Den Teig über der Wurst fest zusammendrücken. Das Wurstbrötchen mit der „Naht" nach unten auf ein leicht geöltes Backblech legen und locker mit einer leicht eingeölten Frischhaltefolie abdecken. Mit den weiteren Brötchen ebenso verfahren. Alle Brötchen bei Zimmertemperatur 45 Minuten gehen lassen.

Den Backofen auf 200 °C vorheizen. Die Folie entfernen und die Brötchen im Ofen 20 bis 25 Minuten backen. Sie sollten dann goldbraun und dampfend heiß sein. Die Wurstbrötchen auf ein Kuchengitter legen und 10 Minuten abkühlen lassen. Sofort servieren.

Die Würstchen mit Teig umhüllen

Teebrötchen

Teig formen

Die ersten sieben Zutaten in der angegebenen Reihenfolge in den Backbehälter geben. Das Programm „Teig" starten.

Wenn das entsprechende Signal ertönt, Sultaninen, Rosinen, Orangeat und Zitronat dazugeben. Wenn das Teigprogramm beendet ist, den Teig auf eine bemehlte Arbeitsfläche geben und kurz durchkneten. Den Teig in 8 gleich große Stücke teilen. Jedes Stück zu einem 2 cm dicken Kreis formen. Die Teebrötchen auf ein leicht gefettetes Backblech legen, dabei genügend Abstand lassen. Die Teebrötchen locker mit einem feuchten Küchentuch abdecken und bei Zimmertemperatur gehen lassen. (Die Temperatur sollte nicht zu hoch sein. Wenn die Brötchen länger und langsamer gehen, ist ihre Beschaffenheit besser.)

Den Backofen auf 200 °C vorheizen. Wenn die Teebrötchen ihr Volumen fast verdoppelt haben, das Küchentuch entfernen und die Brötchen mit Milch bestreichen. Die Teebrötchen im Ofen ungefähr 20 Minuten backen. Sie sollten dann goldbraun sein.

Die Brötchen auf ein Kuchengitter legen und leicht mit Mehl besieben. Die Brötchen mit einem trockenen Küchentuch abdecken und abkühlen lassen. Vor dem Servieren aufschneiden und toasten.

Zutaten

125 ml schwarzer Tee, lauwarm
125 ml Milch, lauwarm
2 EL Butter, geschmolzen, lauwarm
2 EL feiner Zucker
1/2 TL Salz
450 g Weizenmehl Type 550
1 TL Trockenhefe

Außerdem

100 g Sultaninen und Traubenrosinen, gemischt
25 g Orangeat und Zitronat, gemischt
Milch zum Bestreichen
Mehl zum Bestäuben

Glasierte Milchbrötchen

Brötchen über Kreuz einschneiden

Zutaten

250 ml Milch,
21 °C bis 28 °C warm
1 Ei (Größe M), verquirlt
60 g Butter, geschmolzen,
lauwarm
4 EL feiner Zucker
1/2 TL Salz
2 TL Lebkuchengewürz
490 g Weizenmehl Type 550
2 TL Trockenhefe

Außerdem

100 g Korinthen
50 g Orangeat und Zitronat,
gemischt
2 EL Weizenmehl Type 405
3 EL Zucker
3 EL Milch

Milch, Ei und Butter verquirlen und die Mischung in den Backbehälter geben. Nun die fünf folgenden Zutaten aus der Zutatenliste in der dort angegebenen Reihenfolge dazugeben. Die Hefe zum Schluss hinzufügen. Das Programm „Teig" starten.

Wenn das entsprechende Signal ertönt, die Korinthen, das Orangeat und das Zitronat dazugeben. Wenn der Teig fertig ist, ihn auf eine bemehlte Arbeitsfläche geben und 1 bis 2 Minuten kneten. Den Teig in 8 gleich große Stücke teilen und jedes Stück zu einer Kugel formen. Die Brötchen auf ein gefettetes Backblech legen, dabei genügend Abstand lassen. Die Brötchen mit eingeölter Frischhaltefolie abdecken und bei Zimmertemperatur gehen lassen. (Eine längere Gehzeit bei nicht zu warmer Temperatur verbessert die Konsistenz.)

In einer Rührschüssel das Mehl mit 1 Esslöffel Zucker vermischen und so viel Wasser unterrühren, bis eine dicke Paste entstanden ist. Die Milch und den restlichen Zucker in einem Topf so lange erhitzen, bis sich der Zucker aufgelöst hat.

Den Backofen auf 200 °C vorheizen. Wenn die Brötchen ihr Volumen fast verdoppelt haben, die Folie entfernen. Die Brötchen mit einem sehr scharfen Messer an der Oberfläche über Kreuz einritzen. Die Mehl-Zucker-Mischung in einen Spritzbeutel füllen und an der Schnittstelle auf die Brötchen spritzen.

Die Brötchen im Ofen 15 bis 20 Minuten backen, sie sollten dann goldbraun und durchgebacken sein. Die Brötchen aus dem Ofen nehmen und auf ein Kuchengitter legen. Die Oberfläche mit der Zucker-Milch-Glasur bestreichen und die Brötchen abkühlen lassen. Diese Brötchen schmecken am besten warm oder getoastet.

Lebkuchengewürz dazugeben

Käsestangen

Stangenenden leicht zusammendrücken

Zutaten

250 ml Wasser, lauwarm
1 EL Magermilchpulver
2 EL Olivenöl
1 TL feiner Zucker
1 TL Salz
450 g Weizenmehl Type 550
1 TL Trockenhefe

Außerdem

1 EL Hefeextrakt, mit 1 TL Wasser gemischt
125 g Gouda, geraspelt
1 Ei, verquirlt

Die ersten sieben Zutaten in der angegebenen Reihenfolge in den Backbehälter geben. Das Programm „Teig" starten.

Wenn das Teigprogramm beendet ist, den Teig auf eine leicht bemehlte Arbeitsfläche geben und 2 bis 3 Minuten kneten. Mit einem bemehlten Teigroller den Teig zu einem Rechteck von etwa 50 cm x 60 cm ausrollen. Eine Teighälfte mit dem Hefeextrakt bestreichen und den Käse darüber streuen. Die andere Teighälfte mit dem verquirlten Ei bestreichen und

Stangen aufdrehen

über die mit Käse bestreute Seite klappen. Die beiden Seiten mit einem Teigroller gut zusammendrücken. Die Teigplatte mit einem scharfen Messer in dünne Streifen schneiden. Die Streifen zu Spiralen drehen und auf zwei gut gefettete Backbleche legen. Die Stangen mit leicht geölter Frischhaltefolie abdecken und an einem warmen Ort etwa 45 Minuten gehen lassen. Den Backofen auf 200 °C vorheizen.

Wenn die Stangen ihr Volumen fast verdoppelt haben, sie in den Ofen geben und 15 bis 20 Minuten backen. Sie sollten dann goldbraun und knusprig sein. Die Stangen auf ein Kuchengitter legen und abkühlen lassen.

Knoblauch-brötchen

Zutaten

190 ml Wasser, lauwarm
1 EL Knoblauchöl
1 Ei, verquirlt
1 TL Salz
450 g Weizenmehl Type 550
1 TL Trockenhefe

Außerdem

1 Knoblauchzehe, zerdrückt
2 EL frisch gehackte Petersilie
50 g Butter
1 Ei, verquirlt, zum Bestreichen

Die ersten sechs Zutaten in der angegebenen Reihenfolge in den Backbehälter geben. Das Programm „Teig" starten.

Knoblauch, Petersilie und Butter in einer Schüssel mischen. Wenn das Teigprogramm beendet ist, den Teig auf eine leicht bemehlte Arbeitsfläche geben, kneten und daraus 8 Kugeln formen. Die Kugeln mit dem Daumen in der Mitte eindrücken. Die Buttermischung in die Vertiefungen geben und den Teig darüber wieder gut zusammendrücken. Die Brötchen in zwei Reihen auf ein gefettetes Backblech legen, dabei genügend Abstand zum Gehenlassen. Die Brötchen locker mit eingeölter Frischhaltefolie abdecken und an einem warmen Ort bis fast auf die doppelte Größe aufgehen lassen.

Den Backofen auf 220 °C vorheizen. Die Folie entfernen und jedes Brötchen mit etwas verquirltem Ei bestreichen. Die Brötchen im Ofen 15 bis 20 Minuten backen. Sie schmecken am besten warm.

Buttermischung dazugeben

Walnuss-Oliven-Muffins

Oliven und Walnüsse dazugeben

Zutaten

250 ml Wasser, lauwarm
1 EL Olivenöl
1 EL Magermilchpulver
1 EL Honig
1 TL Salz
450 g Weizenmehl Type 550
1 1/2 TL Trockenhefe

Außerdem

100 g schwarze Oliven, entsteint und grob gehackt
75 g Walnüsse, grob gehackt

Die ersten sieben Zutaten in der angegebenen Reihenfolge in den Backbehälter geben. Das Programm „Teig" starten.

Wenn der Teig fertig ist, ihn auf eine leicht bemehlte Arbeitsfläche geben. Die Oliven und die Walnüsse darunter kneten. Wenn sie gut untergemischt sind, den Teig in 12 gleich große Stücke teilen. Ein Muffinblech mit 12 Mulden gut fetten und die Teige hineinsetzen. Locker mit leicht eingeölter Frischhaltefolie abdecken und die Muffins an einem warmen Ort gehen lassen.

Den Backofen auf 200 °C vorheizen. Wenn die Muffins aufgegangen sind und ihre Größe fast verdoppelt haben, die Folie entfernen. Die Muffins 20 Minuten backen, sie sollten dann goldbraun und knusprig sein. Die Muffins auf ein Kuchengitter legen und abkühlen lassen.

Aprikosenstangen

Die ersten sieben Zutaten in der angegebenen Reihenfolge in den Backbehälter geben. Das Programm „Teig" starten.

Die Aprikosen grob hacken und in einem kleinen Topf den Orangensaft darunter mischen. Die Aprikosen bei mittlerer Hitze etwa 10 Minuten köcheln lassen, dabei gelegentlich umrühren. Die Früchte sollten dann den Saft fast aufgenommen haben. Beiseite stellen und abkühlen lassen.

Wenn das Teigprogramm beendet ist, den Teig auf eine leicht bemehlte Arbeitsfläche geben und kurz durchkneten. Nun die Aprikosen darunter kneten. (Der Teig ist etwas klebrig, falls nötig, noch etwas Mehl dazugeben.) Den Teig in 8 gleich große Stücke teilen und diese zu etwa 25 cm langen Rollen formen. Die Rolle mit der einen Hand in der Mitte festhalten, mit der anderen Hand die langen Enden fassen und zusammen aufdrehen. Die Stange auf ein gut gefettetes Backblech legen. Mit den restlichen Stangen ebenso verfahren. Alle Stangen mit eingeölter Frischhaltefolie abdecken und gehen lassen.

Den Backofen auf 220 °C vorheizen. Die Folie entfernen und die Stangen für 10 Minuten in den Ofen geben. Inzwischen Butter und Zucker in einem kleinen Topf erhitzen, bis sich der Zucker aufgelöst hat.

Die Stangen aus dem Ofen nehmen, mit der Buttermischung bestreichen und mit den Mandeln bestreuen. Die Stangen wieder in den Ofen geben und weitere 5 bis 10 Minuten backen, bis sie goldbraun und durchgebacken sind. Vor dem Servieren 15 Minuten abkühlen lassen.

Zutaten

250 ml Milch, lauwarm
4 EL feiner Zucker
2 EL Butter, geschmolzen, lauwarm
1 TL gemahlene Vanille
1/2 TL Salz
525 g Weizenmehl Type 550
1 1/2 TL Trockenhefe

Außerdem

150 g getrocknete Aprikosen
60 ml frisch gepresster Orangensaft
30 g Butter, geschmolzen
1 EL feiner Zucker
50 g Mandelblättchen, geröstet

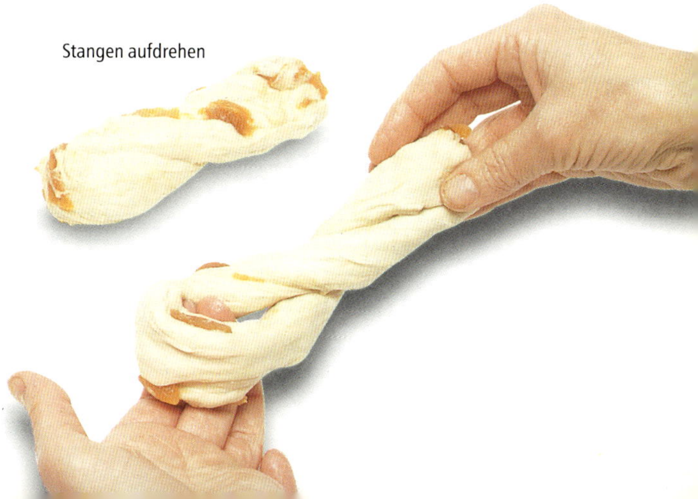

Stangen aufdrehen

Würzige Brotstangen

Mit Würzmischung bestreuen

Die ersten sechs Zutaten in der angegebenen Reihenfolge in den Backbehälter geben. Das Programm „Teig“ starten.

Kreuzkümmel, Koriander, Paprikapulver, Selleriesalz und Chilipulver in einer kleinen Schüssel mischen. Wenn das Teigprogramm beendet ist, den Teig auf eine leicht bemehlte Arbeitsfläche geben und kurz durchkneten. Den Teig mit einem bemehlten Teigroller etwa 1/2 cm dick ausrollen und in dünne Streifen schneiden. Die Streifen mit leicht bemehlten Händen zu dünnen Rollen formen und auf leicht gefettete und bemehlte Backbleche legen. Dabei genügend Abstand zum Gehenlassen. Die Stangen mit eingeölter Frischhaltefolie abdecken und 30 Minuten gehen lassen.

Den Backofen auf 220 °C vorheizen. Die Folie entfernen, die Stangen mit der Ei-Wasser-Mischung bestreichen und mit der Würzmischung bestreuen. Die Grissini im Ofen etwa 10 Minuten backen, bis sie goldbraun und knusprig sind. Sie anschließend auf ein Kuchengitter legen und abkühlen lassen. Die Grissini entweder pur oder mit einem Dip genießen.

Zutaten

250 ml Wasser, lauwarm
2 EL Sonnenblumenöl
1 TL feiner Zucker
1 TL Salz
490 g Weizenmehl Type 550
1 TL Trockenhefe

Außerdem

1 TL gemahlener Kreuzkümmel
1 TL gemahlener Koriander
1 TL Paprikapulver
2 TL Selleriesalz
1/2 TL Chilipulver
1 Teil Ei und 1 Teil Wasser, verquirlt

Wraps

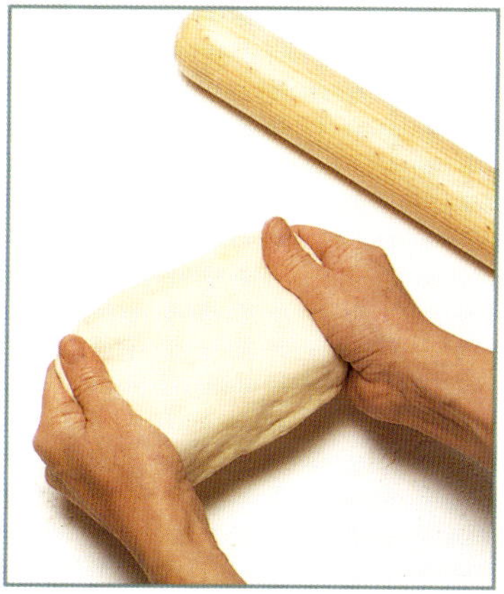

Teig ziehen

Die Zutaten in der angegebenen Reihenfolge in den Backbehälter geben. Das Programm „Teig" starten. Wenn der Teig fertig ist, ihn auf eine leicht bemehlte Arbeitsfläche geben. Den Teig in jeweils walnussgroße Stücke teilen, ausziehen und mit einem leicht bemehlten Teigroller zu dünnen Fladen ausrollen. (Je dünner sie sind, desto besser, denn die Fladen gehen beim Backen auf.)

Eine große, schwere Pfanne (vorzugsweise aus Gusseisen) stark erhitzen. Wenn sie glühend heiß ist, den ersten Fladen in die Pfanne geben und 1 bis 2 Minuten auf jeder Seite backen, dabei mit einer Zange wenden. Den fertigen Fladen aus der Pfanne nehmen, mit einem sauberen Küchentuch abdecken und auf dem Herd warm halten, bis die restlichen Fladen gebacken sind.

Zutaten

250 ml Wasser, lauwarm
1 TL Selleriesalz
1 EL Olivenöl
450 g Weizenmehl Type 550
1 TL Trockenhefe

Diese Fladenbrote zu mediterranen oder orientalischen Gerichten servieren. Man kann aber auch Salate oder andere Snacks darin einwickeln.

Teig ausrollen

Bagels

Die ersten sechs Zutaten in der angegebenen Reihenfolge in den Backbehälter geben. Das Programm „Teig" starten.

Wenn das Teigprogramm beendet ist, den Teig auf eine bemehlte Arbeitsfläche geben und in 8 gleich große Stücke teilen. Jedes Stück zu einer etwa 25 cm langen Rolle mit spitzen Enden formen. Die Enden leicht versetzt aufeinander drücken, so dass Ringe entstehen. Die Ringe auf ein leicht geöltes Backblech legen, dabei genügend Abstand zum Gehenlassen. Sie mit eingeölter Frischhaltefolie bedecken und etwa 20 Minuten gehen lassen.

Den Backofen auf 200 °C vorheizen. Reichlich Wasser in einem großen Topf zum Kochen bringen, den Zucker dazugeben und unter Rühren darin auflösen. Je 2 bis 3 Bagels auf einmal in das kochende Wasser geben und 1 Minute darin kochen lassen, dabei einmal wenden. Mit einem Sieblöffel herausnehmen, dabei leicht schütteln, um überschüssiges Wasser zu entfernen. Dann die Bagels auf das Backblech legen.

Das Eigelb und das Wasser verquirlen und die Bagels damit bestreichen. Die Bagels im Ofen 12 bis 15 Minuten backen, sie sollten danach leicht goldbraun sein. Die Bagels auf ein Kuchengitter legen und abkühlen lassen.

Zutaten

250 ml Wasser, lauwarm
60 g Butter, geschmolzen, lauwarm
1 EL feiner Zucker
1 TL Salz
450 g Weizenmehl Type 550
1 1/2 TL Trockenhefe

Außerdem

25 g feiner Zucker
1 Eigelb
1 EL Wasser

Bagels formen

Milchbrötchen

Den Backofen auf 220 °C vorheizen. Wenn die Brötchen ihr Volumen fast verdoppelt haben, die Folie entfernen und die Oberfläche der Brötchen mit etwas Milch bestreichen. Die Brötchen im Ofen in 15 bis 20 Minuten goldbraun backen.

Die Brötchen aus dem Ofen nehmen, nochmals mit etwas Milch bestreichen und auf ein Kuchengitter legen. Mit einem sauberen Küchentuch abdecken. (Dadurch erhalten sie ihre typische weiche, leicht glänzende Oberfläche.) Die Brötchen vor dem Servieren abkühlen lassen.

Zutaten

1 Ei (Größe M), verquirlt
190 ml Milch,
21 °C bis 28 °C warm
1 EL Butter, geschmolzen
1 TL feiner Zucker
1/2 TL Salz
300 g Weizenmehl Type 550
1 TL Trockenhefe

Außerdem

ein wenig Milch zum Bestreichen

Die Eier und die Milch verquirlen, dann zusammen mit den folgenden 5 Zutaten der Zutatenliste in den Backbehälter geben. Das Programm „Teig" starten.

Wenn der Teig fertig ist, ihn auf eine bemehlte Arbeitsfläche geben und daraus 15 kleine, ovale Brötchen formen. Die Brötchen auf ein gefettetes Backblech legen, dabei genügend Abstand zum Gehenlassen. Die Brötchen mit eingeölter Frischhaltefolie abdecken und an einem warmen Ort gehen lassen.

Brötchen auf dem Blech formen

Saatbrötchen

Brötchen im Kuchenblech

Zutaten

125 ml Wasser
45 g Butter, geschmolzen, lauwarm
1 TL feiner Zucker
1/2 TL Salz
150 g Weizenmehl Type 550
150 g Vollkorn-Weizenmehl
1 TL Trockenhefe

Außerdem

2 TL Sesamsaat
1 TL Fenchelsaat
1 TL Kreuzkümmelsaat
1 Ei, verquirlt, zum Bestreichen

Die ersten sieben Zutaten in der angegebenen Reihenfolge in den Backbehälter geben. Das Programm „Teig" starten.

Wenn der Teig fertig ist, ihn auf eine bemehlte Arbeitsfläche geben und kurz durchkneten. Den Teig in 9 gleich große Stücke teilen und zu Kugeln formen. Die Kugeln in Dreierreihen in eine gefettete Backform (etwa 18 cm) oder auf ein Backblech setzen, mit eingeölter Frischhaltefolie abdecken und an einem warmen Ort gehen lassen.

Den Backofen auf 220 °C vorheizen. Sesam, Fenchel und Kreuzkümmel in einer kleinen Schüssel mischen. Wenn der Teig sein Volumen fast verdoppelt hat, die Folie entfernen und die Brötchen mit etwas verquirltem Ei bestreichen. Mit den Samen bestreuen. Das Backblech in den Ofen geben und die Brötchen in 15 bis 20 Minuten goldbraun backen. Die Brötchen auf einem Kuchengitter abkühlen lassen.

Brioches

Brioches formen

Zutaten

250 ml Milch, 21 °C bis 28 °C warm
1 TL Honig
1 1/2 TL Trockenhefe
490 g Weizenmehl Type 550
50 g Butter, geschmolzen, lauwarm
2 Eier, verquirlt
4 EL feiner Zucker
1 Prise Salz

Außerdem

1 Ei, verquirlt, zum Bestreichen

Die warme Milch in eine Rührschüssel geben, dann den Honig, die Hefe und etwa 100 g Weizenmehl darunter mischen. Die Schüssel mit Frischhaltefolie abdecken und die Mischung an einem warmen Ort 1 bis 2 Stunden gehen lassen.

Wenn dieser Teigansatz aufgegangen ist und viele Blasen wirft, ihn in den Backbehälter geben. Das restliche Mehl, die Butter, die Eier, den Zucker und das Salz dazugeben. Das Programm „Teig" starten.

Wenn der Teig fertig ist, ihn auf eine bemehlte Arbeitsfläche legen und in 16 Stücke teilen. Von jedem Teigstück ein daumengroßes Stück abnehmen. Großes und kleines Teigstück zu Kugeln rollen. Die große Kugel in die gefettete Mulde einer Tartelette-Form legen und die kleine Kugel darauf setzen. Die restlichen Brioches auf die gleiche Weise formen. Alle Brioches mit eingeölter Frischhaltefolie abdecken und gehen lassen. Den Backofen auf 220 °C vorheizen. Wenn die Brioches ihr Volumen fast verdoppelt haben, die Folie entfernen und die Brioches mit verquirltem Ei bestreichen. Die Brioches 5 Minuten backen, die Temperatur auf 180 °C reduzieren und die Brioches 10 Minuten weiterbacken. Sie sollten dann goldbraun sein. Auf ein Kuchengitter legen und vor dem Servieren abkühlen lassen.

Weiche Sandwichbrötchen

Sandwichbrötchen mit Mehl bestreuen

Die ersten sieben Zutaten in der angegebenen Reihenfolge in den Backbehälter geben. Das Programm „Teig" starten.

Wenn das Programm beendet ist, den Teig auf eine bemehlte Arbeitsfläche geben und kurz durchkneten. Den Teig mit den Händen zu einer dicken, kurzen Rolle formen und in 8 gleich große Stücke schneiden. Jedes Stück mit den Händen zu einem gut 1 cm dicken und etwa 13 cm großen Fladen formen. Mehl darüber sieben. Die Brötchen mit Frischhaltefolie abdecken und an einem warmen Ort gehen lassen. (Es sollte aber nicht zu warm sein, die Beschaffenheit der Brötchen ist besser, wenn sie über einen längeren Zeitraum langsam aufgehen.)

Den Backofen auf 200 °C vorheizen. Wenn die Brötchen ihr Volumen fast verdoppelt haben, die Folie entfernen und noch einmal Mehl darüber sieben. Die Brötchen 15 Minuten backen, sie sollten dann an den Rändern goldbraun werden und durchgebacken sein. Die Brötchen auf ein Kuchengitter legen, mit einem sauberen Küchentuch bedecken und abkühlen lassen. Die Brötchen aufschneiden und nach Belieben belegen.

Zutaten

125 ml Wasser, lauwarm
125 ml Milch, lauwarm
2 EL Butter, geschmolzen, lauwarm
1 TL feiner Zucker
1/2 TL Salz
450 g Weizenmehl Type 550
1/2 TL Trockenhefe

Außerdem

Mehl zum Bestäuben

Croissants

Das lauwarme Wasser in eine große Rührschüssel gießen, die Hefe, 1 Teelöffel Zucker und 150 g Mehl dazugeben. Alles gut verrühren, die Schüssel abdecken und den Teigansatz an einem warmen Ort 2 bis 3 Stunden gehen lassen.

Die Butter zwischen zwei Lagen Butterbrotpapier legen und mit einem Teigroller zu einem etwa 1/2 cm dicken Quadrat ausrollen. Dann die Butter kühl stellen.

Wenn der Teigansatz fertig ist (an der Oberfläche sind viele Blasen), ihn in den Backbehälter geben. Das restliche Mehl, den restlichen Zucker und das Salz dazugeben. Das Programm „Teig" starten.

Wenn das Teigprogramm beendet ist, den Teig auf eine gut bemehlte Arbeitsfläche legen und kurz durchkneten. Den Teig mit einem Teigroller so ausrollen, dass er etwa 2,5 cm breiter und eineinhalb mal so lang wie das Butterstück ist.

Die gekühlte Butter auswickeln und so auf den Teig legen, dass an drei Seiten ein kleiner Rand frei bleibt. Das obere Teigdrittel über die Butter falten, dann das untere Teigdrittel (mit Butter) darüber falten.

Der Teig ist nun – ähnlich wie ein Brief – in drei Lagen gefaltet.

Die Ränder mit dem Teigroller zusammendrücken und so verschließen. Den Teig zu einem Rechteck ausrollen, das drei Mal so lang wie breit ist. Das obere Drittel über das mittlere Drittel falten, dann das untere Drittel darüber schlagen, so dass erneut drei Lagen entstehen. Den Teig um eine Vierteldrehung drehen (die Seite ohne Naht sollte immer links liegen) und das Ausrollen und Falten wiederholen. Den Teig auf eine leicht bemehlte Platte legen, mit einem Stück Frischhaltefolie abdecken und für 30 Minuten kühlen.

Zutaten

250 ml Wasser, lauwarm
1 1/2 TL Trockenhefe
1 TL feiner Zucker
450 g Weizenmehl Type 550
3 EL feiner Zucker
1 TL Salz

Außerdem

250 g Butter, gekühlt
1 Ei, verquirlt

Croissantteig falten

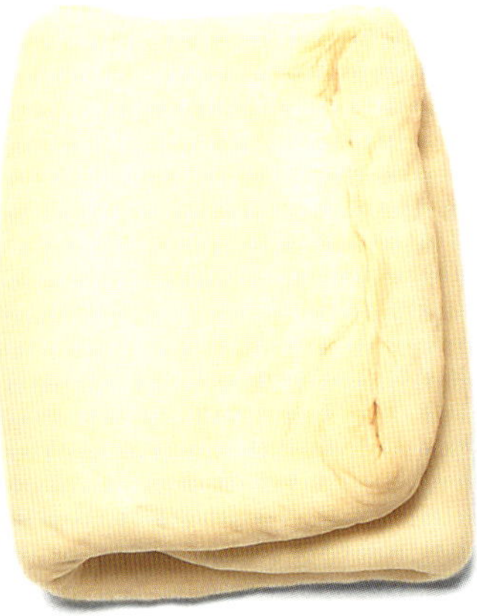

Gefalteter Croissant-Teig

Das Ausrollen und Falten noch zwei Mal wiederholen und den Teig für weitere 30 Minuten in den Kühlschrank stellen.

Den Teig mit einem Teigroller etwa 1/2 cm dick ausrollen. Die Ränder gerade schneiden und den Teig in Dreiecke schneiden. Sie sollten etwas höher als breit sein. Die Dreiecke zur langen Seite hin aufrollen und die Enden einbiegen. Jedes Croissant mit der aufgewickelten Spitze nach unten auf ein leicht bemehltes Backblech legen, dabei genügend Abstand lassen. Die Croissants mit Frischhaltefolie abdecken und noch einmal für 30 Minuten kühl stellen.

Croissants aufrollen

Den Backofen auf 200 °C vorheizen. Die Croissants mit verquirltem Ei bestreichen und im Ofen 15 bis 20 Minuten backen. Sie sollten dabei aufgehen und goldbraun werden. Die Croissants auf einem Kuchengitter abkühlen lassen.

Falten des Teiges abschließen

Schokoladencroissants

Teig mit Butter falten

Das Wasser in eine große Rührschüssel gießen, die Hefe, 1 Teelöffel Zucker und 150 g Mehl dazugeben. Alles gut verrühren, die Schüssel abdecken und den Teigansatz an einem warmen Ort 2 bis 3 Stunden gehen lassen.

Die Butter zwischen zwei Lagen Butterbrotpapier legen und mit einem Teigroller zu einem etwa 1/2 cm dicken Quadrat ausrollen. Dann die Butter kühl stellen.

Die Schokolade und die Sahne in eine hitzebeständige Schüssel oder Tasse geben und diese in einen Topf mit siedendem Wasser stellen. Die Mischung ständig rühren, bis sie geschmolzen ist, dann beiseite stellen und abkühlen lassen. Wenn der Teigansatz fertig ist (Blasenbildung an der Oberfläche), ihn in den Backbehälter geben. Das restliche Mehl, den restlichen Zucker und das Salz dazugeben. Das Programm „Teig" starten.

Wenn das Teigprogramm beendet ist, den Teig auf eine gut bemehlte Arbeitsfläche legen und kurz durchkneten. Den Teig mit einem Teigroller so ausrollen, dass er etwa 2 cm breiter und eineinhalb mal so lang wie das Butterstück ist.

Die gekühlte Butter auswickeln und so auf den Teig legen, dass an drei Seiten ein kleiner Rand frei bleibt. Das obere Teigdrittel über die Butter falten, dann das untere Teigdrittel (mit Butter) darüber falten. Der Teig ist nun – ähnlich wie ein Brief – in drei Schichten gefaltet. Die Ränder mit dem Teigroller zusammendrücken und verschließen. Den Teig um eine

Zutaten

250 ml Wasser, lauwarm
1 1/2 TL Trockenhefe
4 EL feiner Zucker
450 g Weizenmehl Type 550
1/2 TL Salz

Außerdem

250 g Butter, gekühlt
150 g Bitterschokolade, in Stücken
3 EL Sahne
1 Ei, verquirlt

Die erste Faltung

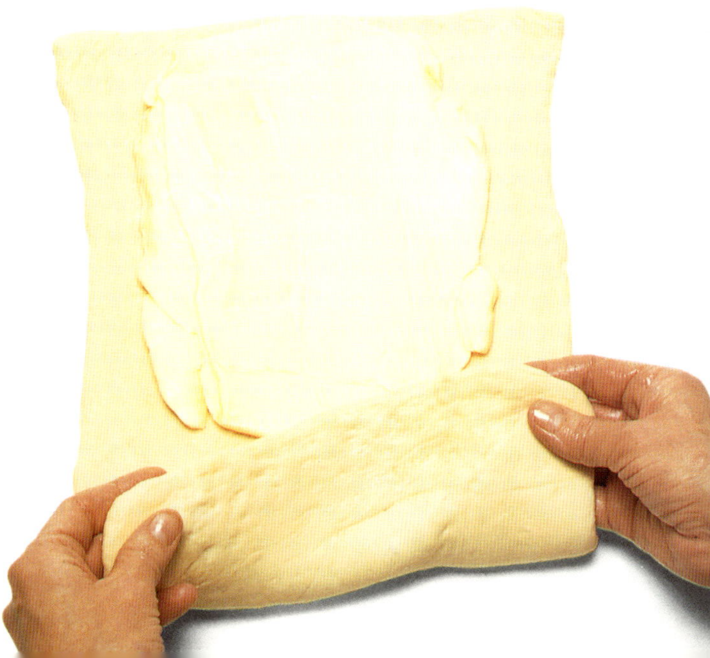

Vierteldrehung drehen (die Seite ohne Naht sollte immer links liegen). Dann den Teig zu einem länglichen Rechteck ausrollen, das drei Mal so lang wie breit ist. Das obere Drittel auf das mittlere Drittel schlagen und das untere Drittel darüber schlagen. Den Teig wieder um eine Vierteldrehung drehen und das Ausrollen und Falten wiederholen. Den Teig auf eine leicht bemehlte Platte legen, mit Frischhaltefolie abdecken und für 30 Minuten kühlen.

Das Ausrollen und Falten noch zwei Mal wiederholen und den Teig für weitere 30 Minuten in den Kühlschrank stellen. Den Teig mit einem Teigroller etwa 1/2 cm dick ausrollen, die Ränder gerade schneiden und den Teig in 12 Rechtecke schneiden.

Mit je einem gehäuften Teelöffel Schokoladenmischung bestreichen, dabei den oberen und unteren Rand frei lassen. Nun die Seiten hochschlagen und die Ränder fest zusammendrücken. Die Schokolade sollte gut eingeschlossen sein. Die Croissants mit der Naht nach unten auf ein leicht bemehltes Backblech legen, dabei genügend Abstand zum Gehenlassen. Die Croissants locker mit Frischhaltefolie bedecken und erneut 30 Minuten kühlen. Den Backofen auf 200 °C vorheizen. Die Croissants mit verquirltem Ei bestreichen und dann im Ofen 15 bis 20 Minuten backen, bis sie aufgegangen und goldbraun geworden sind. Die Croissants auf ein Kuchengitter legen und abkühlen lassen.

Ränder verschließen

Rosinenbrötchen

Teig aufrollen

Zutaten

125 ml Wasser, lauwarm
125 ml Milch,
21 °C bis 28 °C warm
1 Ei (Größe M), verquirlt
75 g Butter, geschmolzen, lauwarm
3 EL feiner Zucker
1/2 TL Salz
525 g Weizenmehl Type 550
2 TL Trockenhefe

Außerdem

50 g Butter, geschmolzen, lauwarm
100 g Traubenrosinen
50 g Orangeat und Zitronat, gemischt
4 EL feiner Zucker
Milch zum Bestreichen

Die ersten acht Zutaten in den Backbehälter geben. Das Programm „Teig" starten.

Wenn der Teig fertig ist, ihn auf eine bemehlte Arbeitsfläche geben und kurz durchkneten. Den Teig mit einem Teigroller zu einem Rechteck von etwa 35 cm x 23 cm ausrollen und mit der geschmolzenen Butter bestreichen (Ränder frei lassen). Die Rosinen, das Orangeat, das Zitronat und 3 Esslöffel Zucker darüber streuen. Den Teig von der Längsseite her aufrollen, so dass die Füllung eingeschlossen wird. Die Ränder zusammendrücken. Die Rolle mit einem scharfen, angefeuchteten Messer in 16 gleich große Stücke schneiden. Die Scheiben in eine gut mit Butter gefettete, quadratische Backform (23 cm) legen. Mit eingeölter Frischhaltefolie abdecken und an einem warmen Ort gehen lassen.

Den Backofen auf 220 °C vorheizen. Wenn der Teig sein Volumen fast verdoppelt hat, die Folie entfernen. Die Brötchen mit etwas Milch bestreichen und mit dem restlichen Zucker bestreuen. Die Brötchen im Ofen 15 bis 20 Minuten backen, bis sie goldbraun geworden sind. Die Brötchen auf ein Kuchengitter legen und vor dem Servieren abkühlen lassen.

Brezeln

Zutaten

165 ml Wasser, lauwarm
1 TL flüssiger Honig
1 TL Salz
300 g Weizenmehl Type 550
3/4 TL Trockenhefe

Außerdem

1 Eigelb
1 EL Wasser, lauwarm
2–3 EL Meersalz

Die ersten fünf Zutaten in der angegebenen Reihenfolge in den Backbehälter geben. Das Programm „Teig" starten.

Wenn das Teigprogramm beendet ist, den Teig auf eine bemehlte Arbeitsfläche geben und in 12 gleich große Stücke teilen. Jedes Stück mit der Hand zu einer etwa 30 cm langen Rolle formen und zu einer Brezel legen. Dazu die beiden Teigenden der Rolle anheben und zu einem Kreis legen, dann die Teigenden kreuzen und auf der gegenüberliegenden Kreisseite befestigen. Die Brezeln auf ein leicht geöltes Backblech legen und mit eingeölter Frischhaltefolie abdecken. So lange gehen lassen, bis sich das Volumen fast verdoppelt hat.

Den Backofen auf 200 °C vorheizen. Das Eigelb und das Wasser miteinander verquirlen, die Brezeln damit bestreichen und sie mit Salz bestreuen. Anschließend im Ofen etwa 15 Minuten backen, bis sie goldbraun geworden sind. Die Brezeln auf ein Kuchengitter legen und abkühlen lassen.

Brezeln formen

Vollkorngrissini

Vollkornmehl dazugeben

Alle Zutaten in der Reihenfolge der Zutatenliste in den Backbehälter geben. Das Programm „Teig" starten.

Den Backofen auf 220 °C vorheizen. Wenn das Teigprogramm beendet ist, den Teig auf eine bemehlte Arbeitsfläche geben und 2 bis 3 Minuten kneten. Den Teig in etwa 40 Stücke teilen. Jedes einzelne Stück zu einer langen dünnen Stange formen. Sie sollte bleistiftdünn und etwa 25 cm lang sein. Die Stangen auf ein leicht geöltes Backblech legen, dabei genügend Abstand zum Gehenlassen. Die Stangen mit eingeölter Frischhaltefolie abdecken, während die restlichen Grissini geformt werden.

Die Grissini müssen kein zweites Mal gehen. Wenn sie alle geformt sind, werden sie im Ofen etwa 10 Minuten gebacken, bis sie goldbraun und knusprig sind. (Sie sollten dann leicht in zwei Teile zerbrechen und nicht mehr teigig in der Mitte sein.) Die Grissini auf ein Kuchengitter legen und abkühlen lassen. Grissini sind herrliche Snacks, die auch mit Dips gut schmecken.

Zutaten

165 ml Wasser, lauwarm
1 EL Olivenöl
1 TL Salz
225 g Weizenmehl Type 550
225 g Vollkorn-Weizenmehl Type 550
1/2 TL Trockenhefe

Grissini rollen

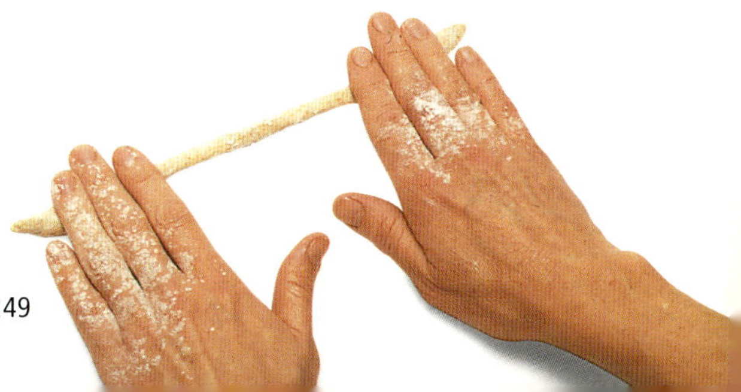

Feigen-Orangen-Mandel-Schnecken

Schnecken in die Muffinform legen

Die Eier und die Milch verquirlen, dann zusammen mit den weiteren sechs angegebenen Zutaten in den Backbehälter geben. Das Programm „Teig" starten.

Feigen, Orangenschale und Honig in einer Rührschüssel mischen. Wenn der Teig fertig ist, ihn auf eine bemehlte Arbeitsfläche geben und kurz durchkneten. Mit einem Teigroller zu einem Rechteck von etwa 30 cm x 23 cm ausrollen. Die Feigenmischung darauf verteilen.

Den Teig von der langen Seite her aufrollen. Dann die Rolle auf die Nahtseite legen und mit einem Messer in 12 gleich dicke Scheiben schneiden.

Die Scheiben in die gut gefetteten Mulden einer Muffinform legen. Die Scheiben locker mit eingeölter Frischhaltefolie abdecken und an einem warmen Ort gehen lassen.

Den Backofen auf 220 °C vorheizen. Die Butter und den Zucker in einem kleinen Topf vorsichtig erhitzen, bis sich der Zucker aufgelöst hat. Dann den Topf beiseite stellen.

Wenn die Schnecken ihr Volumen fast verdoppelt haben, die Folie entfernen und die Schnecken mit der Butter-Zucker-Glasur bestreichen. Dann im Ofen 15 bis 20 Minuten backen, bis sie goldbraun geworden sind. Die Schnecken auf ein Kuchengitter legen und abkühlen lassen.

Geschmolzene Butter dazugeben

Zutaten

1 Ei (Größe M), verquirlt
165 ml Milch,
21 °C bis 28 °C warm
1 EL Butter, geschmolzen, lauwarm
1 TL feiner Zucker
1/2 TL Salz
450 g Weizenmehl Type 550
50 g gemahlene Mandeln
1 TL Trockenhefe

Außerdem

150 g getrocknete Feigen, grob gehackt
frisch abgeriebene Schale von 1 Orange (unbehandelt)
1 EL Honig
2 EL Butter, geschmolzen
1 EL feiner Zucker

A

Abmessen 11
Apfelbrot 130
Apfelbrot mit
 Blauschimmel-
 käse 52

Apfel-Früchte-Zopf 135
Aprikosenstangen 223
Aufbewahren 26

B

Backpulver 16
Bagels 228
Bananen-Erdnuss-Brot 146
Berliner Ballen 201
Bierbrot mit Senf 64
Blauschimmelkäse
 Apfelbrot mit Blauschimmelkäse 52
 Käse-Salbei-Brot 92
Brezeln 246
Brioches 235
Brot backen
 Prozess 18–23
 Tipps 11
Brotbackautomat 9
Brote
 Apfelbrot mit Blauschimmelkäse 52
 Bierbrot mit Senf 64
 Camembert-Zwiebel-Brot 95
 Dinkelbrot 67
 Drei Käse-Tomaten-Brot 111
 Französisches Landbrot 43
 Käse-Kräuter-Brot 82
 Käse-Salbei-Brot 92
 Käse-Tomaten-Brot 87
 Landbrot 68
 Maisbrot 206
 Mais-Chili-Brot 100
 Mehrkornbrot 39
 Möhren-Thymian-Brot 72
 Olivenbrot 79
 Oliven-Oregano-Brot 99
 Oregano-Tomaten-Brot 60
 Pestobrot mit Pinienkernen 40
 Pikantes Käsebrot 71
 Roggenbrot 32
 Sauerteigbrot 31
 Schnelles Käse-Chili-Brot 55
 Schnelles Möhrenbrot 59
 Senfbrot 80
 Sesambrot 75
 Sonnenblumenbrot 76
 Süßkartoffelbrot 103
 Tomaten–Mohn–Brot 56
 Walnussbrot 96
 Schnelles Zucchinibrot 44

C

Calzone 35
Camembert-Zwiebel-Brot 95
Challah 164
Cranberry
 Cranberry-Korinthen-Zopf 160
 Cranberry-Orangen-Brot 136
Croissants 239
 Schokoladencroissants 241

D

Dänische Plunderstückchen 189
Dinkelbrot 67
Drei Käse-Tomaten-Brot 111

E

Eier 17
Einfrieren 26
Ernährung 8

F

Feigen-Orangen-Mandel-
 Schnecken 250
Fertigstellen 21–22
Fette 18
Fladen, provenzalischer 49
Flüssigkeiten 17
Focaccia 107
Früchtekranz 141

G

Gehen 19
Gewürzbrötchen 232

H

Haferbrot, süßes 115
Hefe 12, 15–16, 27
Herzhafte Brötchen
 Gewürzbrötchen 232
 Honig-Thymian-Knoten 182
 Käse-Speck-Stangen 205
 Knoblauchbrötchen 219
 Milchbrötchen 231
 Pancetta-Pesto-Rollen 185
 Walnuss–Oliven-Muffins 220
 Wursttaschen 209

Herzhaftes Gebäck
Calzone 35
Camembert-Zwiebel-Brot 95
Focaccia 107
Kartoffelbrot mit Zwiebeln und Thymian 108
Kartoffelfladen mit Rosmarin und Emmentaler 63
Naan-Brote 104

Paprikaschoten-Zwiebel-Brot 85
Pissaladière 47
Pitta-Brot 91
Pizza 36
Provenzalischer Fladen 49
Honig
Honigbrot 149
Honig-Thymian-Knoten 182
Hundeknochen 186

K
Karamell-Apfel-Rolle 172

Kartoffelbrot mit Zwiebeln und Thymian 108
Kartoffelfladen mit Rosmarin und Emmentaler 63
Käse
Drei Käse-Tomaten-Brot 111
Käse-Kräuter-Brot 82
Käsestangen 215
Käse-Tomaten-Brot 87
Käse-Zwiebel-Brötchenrad 197
Käsebrot, pikantes 71
Käse-Kräuter-Brot 82
Käse-Salbei-Brot 92
Käse-Speck-Stangen 205
Käse-Tomaten-Brot 87
Käse-Zwiebel-Brötchenrad 197
Kirsch-Vanille-Taschen 195
Kneten 19
Knoblauchbrötchen 219
Koriander-Reis-Naan 177
Kuchen
Apfel-Früchte-Zopf 135
Früchtekranz 141
Karamell-Apfel-Rolle 172
Panettone 163
Schokoladen-Birnen-Kuchen 153
Schokoladen-Nuss-Zopf 119
Schokoladenschnecke 121
Speckkuchen 139
Stollen 155

L
Lahmachun 202
Landbrot 68
Landbrot, französisches 43
Landestypische Spezialitäten 8

M
Maisbrot 206
Mais-Chili-Brot 100
Malzbrot 171
Mehl 13-14

Mehrkornbrot 39
Milchbrötchen 231

Milchbrötchen, glasierte 213
Möhren-Thymian-Brot 72
Muffins 178

Müslibrot 116

N
Naan
  Naan-Brote 104
  Koriander-Reis-Naan 177
Natron 16

O
Öle 18
Olivenbrot 79
Oliven-Oregano-Brot 99
Orangen-Mandel-Brot 167
Oregano-Tomaten-Brot 60

P
Pancetta-Pesto-Rollen 185
Panettone 163
Paprika-Zwiebel-Brot 85

Pekannussbrot 145
Pestobrot mit Pinienkernen 40
Pissaladière 47
Pitta-Brot 91
Pizza 36

Pizza, türkische 202
Probleme und Lösungen 23-25

R
Resteverwertung 26
Roggenbrot 32
Rosinenbrötchen 245
Rosinenschnecken 191

S
Salz 14
Sandwichbrötchen, weiche 236
Sauerteigbrot 31
Schnelles Ananas-Kokos-Bananen-Brot 132
Schnelles Heidelbeer-Mandel-Brot 129
Schnelles Käse-Chili-Brot 55
Schnelles Konfitüren-Zitrus-Brot 126
Schnelles Möhrenbrot 59
Schnelles Zitronen-Ingwer-Brot 125
Schokolade
  Schokoladen-Birnen-Kuchen 153
  Schokoladenbrot 168
  Schokoladencroissants 241
  Schokoladen-Nuss-Zopf 119
  Schokoladenschnecke 121
Senf
  Senfbrot 80
  Wursttaschen 209
Sesambrot 75
Snacks
  Brezeln 246
  Käsestangen 215
  Koriander-Reis-Naan 177
  Teeküchlein 181
  Türkische Pizza
  Vollkorngrissini 249
  Wraps 227
  Wursttaschen 209
  Würzige Brotstangen 224
Sonnenblumenbrot 76
Speck-Käse-Stangen 205
Speckkuchen 139
Stollen 155

Süße Brote
  Bananen-Erdnuss-Brot 146
  Challah 164
  Cranberry-Korinthen-Zopf 160
  Cranberry-Orangen-Brot 136
  Einfaches Vanillebrot 150
  Gewürztes Teebrot 159
  Honigbrot 149

  Malzbrot 171
  Müslibrot 116
  Orangen-Mandel-Brot 167
  Pekannussbrot 145
  Schnelles Ananas-Kokos-Bananen-Brot 132
  Schnelles Heidelbeer-Mandel-Brot 129

Schnelles Konfitüren-Zitrus-Brot 126

Schnelles Zitronen-Ingwer-Brot 125
Schokoladenbrot 168
Süßes Haferbrot 115
Süßes Kleingebäck
Aprikosenstangen 223
Brioches 235
Dänische Plunderstückchen 189
Feigen-Orangen-Mandel-Schnecken 250
Glasierte Milchbrötchen 213
Kirsch-Vanille-Taschen 195
Rosinenbrötchen 245
Rosinenschnecken 191
Teebrötchen 210
Süßkartoffelbrot 103

T

Teebrot, gewürztes 159
Teebrötchen 210
Teeküchlein 181
Teig 12
formen 20
gehen lassen 20
von Hand fertig gestellt 22
Temperatur 12
Tomaten-Mohn-Brot 56
Türkische Pizza 202

V

Vanillebrot, einfaches 150
Vollkorngrissini 249

W

Walnussbrot 96
Walnuss-Oliven-Muffins 220
Wraps 227
Wursttaschen 209
Würzige Brotstangen 224

Z

Zeitschaltuhr 13
Zucchinibrot, schnelles 44
Zucker 14–15
Zutaten 13–18
mischen 18

Ich bedanke mich bei Morphy Richards für das Ausleihen der Brotbackautomaten. Sie liefen fast ununterbrochen, während ich dieses Buch schrieb.

Danke auch an Emily Taylor von Saffron, Paul Forrester, Colin Bowling und Laura Forrester.

Ein Dankeschön auch an meine Familie und meine Freunde für das Probieren meiner Brote und für ihre Anmerkungen und Ideen.

Und nicht zuletzt vielen Dank an meine Mutter.